篇目一
城市轨道交通车辆车体及主要设备的维护

1+X 职业技能等级证书（轨道交通车辆机械维护）配套教材

轨道交通车辆机械维护
（初级）

组　编　北京智联友道科技有限公司
主　编　谢小星　刘延涛
副主编　崔宏巍　姜留涛　王爱国　黎新华
参　编　肇　北　郑　爽　龚建强　汪利新
　　　　郭鹏林　张淑琴
主　审　张星臣　李　军

机械工业出版社

本书依据城市轨道交通车辆专业人才培养目标要求、相关标准及技术规范，结合"1+X"证书《轨道交通车辆机械维护》中具体技能要求编写而成，包括城市轨道交通车辆检修基础知识，城市轨道交通车辆车体外装、客室内装及车体附属部件的维护，城市轨道交通车辆车门及门控设备的维护与调试，城市轨道交通车辆连接装置的维护与测量，城市轨道交通车辆受电弓的维护，城市轨道交通车辆空调设备的维护，城市轨道交通车辆转向架整体及构架的维护，城市轨道交通车辆轮对与轴箱装置的维护，城市轨道交通车辆驱动装置的维护，城市轨道交通车辆制动系统的维护，城市轨道交通车辆风源系统的维护，城市轨道交通车辆空气悬挂系统的维护共12个项目的内容。通过本书的学习，可以对城市轨道交通车辆检修有比较全面的了解，能够从事城市轨道交通车辆检修的相关工作。

本书是"1+X"职业技能等级证书——轨道交通车辆机械维护（初级）的培训认证配套用书。本书主要面向城市轨道交通车辆初级检修与维护、车辆机械零部件生产等岗位群，面向城市轨道交通各相关专业职业院校的学生。本书也可供从事城市轨道交通车辆简单维修、车辆基础零部件检修与维护、简单车辆机械部件生产制造与安装等岗位工作人员学习。

本书配有电子课件、微课视频（可扫描书中二维码观看），读者也可以登录机械工业出版社教育服务网（www.cmpedu.com）注册后免费下载。

图书在版编目（CIP）数据

轨道交通车辆机械维护：初级 / 北京智联友道科技有限公司组编；谢小星，刘延涛主编 . —北京：机械工业出版社，2021.11
1+X 职业技能等级证书（轨道交通车辆机械维护）配套教材
ISBN 978-7-111-69698-8

Ⅰ. ①轨… Ⅱ. ①北…②谢…③刘… Ⅲ. ①城市铁路－铁路车辆－机械设备－车辆检修－职业技能－鉴定－教材　Ⅳ. ① U270.38

中国版本图书馆 CIP 数据核字（2021）第 244848 号

机械工业出版社（北京市百万庄大街 22 号　邮政编码 100037）
策划编辑：谢熠萌　　　　　　责任编辑：谢熠萌
责任校对：张亚楠　刘雅娜　　封面设计：鞠　杨
责任印制：常天培
北京机工印刷厂印刷
2022 年 2 月第 1 版第 1 次印刷
184mm×260mm · 13.5 印张 · 301 千字
0 001—1 500 册
标准书号：ISBN 978-7-111-69698-8
定价：49.80 元

电话服务　　　　　　　　　　网络服务
客服电话：010-88361066　　　机 工 官 网：www.cmpbook.com
　　　　　010-88379833　　　机 工 官 博：weibo.com/cmp1952
　　　　　010-68326294　　　金　书　网：www.golden-book.com
封底无防伪标均为盗版　　　机工教育服务网：www.cmpedu.com

本书根据国务院《关于印发国家职业教育改革实施方案的通知》（国发〔2019〕4号）的要求，贯彻落实《关于做好首批 1+X 证书制度试点工作的通知》等相关文件精神，以"能力为本位、职业活动为导向、专业技能为核心、思政教育为主线的课程体系"的总体设计以及 1+X 职业技能等级证书轨道交通车辆机械维护（初级）的能力要求，确定学习模块的目标、内容和工作任务，做到理论与实践并重，职业技能与专业教育融合、与所学专业课程互补，强化职业素养养成和专业技术积累，将专业精神、职业精神和工匠精神融入人才培养全过程。

编者通过深入企业调研，仔细分析城市轨道交通车辆机械维护技术人员的典型工作任务，以实际工作的主要模块确定主要内容，将全书分为三大篇目，十二个项目，三十六个任务。

本书在编排过程中既注意理论的阐述，又注重实践的操作。在每个任务的编排中均明确工作流程与活动，分为任务目标、知识准备、任务实施、任务评价四个部分，以职业活动为载体构建知识框架，以程序性知识为主，陈述性、策略性知识为辅，以满足完成职业活动为度，完成理论性知识的深度解构。

本书由北京智联友道科技有限公司组织编写，由北京交通大学轨道交通产业教育研究院院长谢小星和北京智联友道科技有限公司高级副总裁刘延涛担任主编，本书编写过程中得到中车株洲电机有限公司、广州地铁集团有限公司、青岛地铁集团有限公司、厦门轨道交通集团有限公司、福州地铁集团有限公司、泉州中车唐车轨道车辆有限公司、北京博得交通设备有限公司、北京浦然轨道交通科技股份有限公司、北京轨道产教科技服务有限公司等一线企业及北京交通大学、南京工业职业技术大学、北京交通运输职业技术学院、北京交通职业技术学院、石家庄铁路职业技术学院、浙江机电职业技术学院、深圳职业技术学院、广西交通职业技术学院、河北交通职业技术学院、山西铁道职业技术学院、四川交通职业技术学院、安徽机电职业技术学院、安徽交通职业技术学院、安徽工业经济职业技术学院、北京铁路电气化学校、广东交通职业技术学院等具有城市轨道交通相关专业的职业院校的大力支持，在此一并感谢。

由于作者水平有限，书中不足之处在所难免，恳请读者批评指正。

编　者

二维码索引

序号	名称	图形	页码	序号	名称	图形	页码
1	司机室概述		33	5	城市轨道交通车辆转向架系统		123
2	城市轨道交通车辆车门		45	6	城市轨道交通车辆制动系统		175
3	半自动车钩缓冲装置		71	7	基础制动单元		175
4	城市轨道交通车辆空调设备		101	8	城市轨道交通车辆风源系统		189

目录

前言
二维码索引

篇目一 城市轨道交通车辆车体及主要设备的维护

项目一 城市轨道交通车辆检修基础知识 …… 3
　任务一　城市轨道交通车辆检修基地基础设施认知 …… 4
　任务二　城市轨道交通车辆检修制度认知 …… 12

项目二 城市轨道交通车辆车体外装、客室内装及车体附属部件的维护 …… 19
　任务一　车体外部的维护 …… 20
　任务二　客室内部设备的维护 …… 28
　任务三　司机室内部设备的维护 …… 33

项目三 城市轨道交通车辆车门及门控设备的维护与调试 …… 45
　任务一　车门外观的维护与测量 …… 46
　任务二　车门常规功能的调试 …… 61
　任务三　车门应急功能的调试 …… 66

CONTENTS 目录

项目四　城市轨道交通车辆连接装置的维护与测量　71
　　任务一　车钩零部件的维护　72
　　任务二　车钩参数的测量　90
　　任务三　车钩电气连接装置的维护　91

项目五　城市轨道交通车辆受电弓的维护　93
　　任务一　受电弓外观的维护　94
　　任务二　受电弓功能的调试　99

项目六　城市轨道交通车辆空调设备的维护　101
　　任务一　空调外观的维护　102
　　任务二　空调功能的调试　112

篇目二
城市轨道交通车辆转向架的维护

项目七　城市轨道交通车辆转向架整体及构架的维护　123
　　任务一　构架的维护　124
　　任务二　ATC 天线支架的维护　127
　　任务三　抗侧滚扭杆的维护　128
　　任务四　轮缘润滑装置的维护　131
　　任务五　减振器的维护　132

项目八　城市轨道交通车辆轮对与轴箱装置的维护　135
　　任务一　轮对的维护　136
　　任务二　轴箱的维护　148
　　任务三　一系弹簧悬挂的维护　154

项目九　城市轨道交通车辆驱动装置的维护　　159
　　任务一　中央牵引装置的维护　　159
　　任务二　牵引电动机的机械维护　　163
　　任务三　联轴节的维护　　168
　　任务四　齿轮箱的维护　　169

篇目三
城市轨道交通车辆制动与风源系统的维护

项目十　城市轨道交通车辆制动系统的维护　　175
　　任务一　基础制动单元的维护　　175
　　任务二　制动系统管路的维护　　180
　　任务三　制动系统功能的调试　　182

项目十一　城市轨道交通车辆风源系统的维护　　189
　　任务一　压缩机外观的维护　　190
　　任务二　进气滤清器的维护　　195
　　任务三　安全阀的维护　　197
　　任务四　风缸的维护　　198

项目十二　城市轨道交通车辆空气悬挂系统的维护　　201
　　任务一　高度阀的维护　　201
　　任务二　空气弹簧的维护　　203

参考文献　　207

Project 1
项目一
城市轨道交通车辆检修基础知识

项目描述

　　检修基地是城市轨道交通车辆停放、检查、维修、维护的场所，列车运营结束后要进入检修基地进行清扫、洗刷、消毒等工作。车辆检修基地根据功能和规模大小的不同，可分为停车场和车辆段。

　　检修基地以车辆检修、运用为主，由城市轨道交通系统进行统一管理，一般将工务、通信、信号、机电设备等的维修场地与车辆检修基地设置在一起，这样有利于各专业检修工作进行有效的协调管理，有利于统一使用场地和设备，也有利于实现计算机网络和现代化管理。

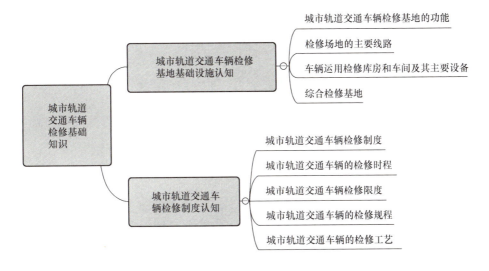

任务一　城市轨道交通车辆检修基地基础设施认知

一、任务目标

1. 掌握城市轨道交通车辆检修基地和综合维修基地的功能。
2. 了解城市轨道交通车辆检修基地的主要线路。
3. 熟悉城市轨道交通车辆运用、检修库房和车间的作用。

二、知识准备

1. 城市轨道交通车辆检修基地的功能

城市轨道交通车辆检修基地分为停车场和车辆段。

（1）停车场　停车场是城市轨道交通车辆停放的场所，停车场有以下功能：

1）承担部分乘务运转工作。

2）用于部分配属车辆的停放。

3）承担部分配属车辆的定期洗刷工作。

4）承担部分配属车辆的临修工作。

5）进行停车场的行政、技术管理。

6）承担职工各类教育、培训工作。

每条城市轨道交通线路按其线路长度和配属车辆的多少，设置停车场或根据需要设置辅助停车场，辅助停车场一般只设置停车设施，仅承担车辆的停放、清洁工作。

停车场（图1-1）配备车辆运用、整备和日常维修及配套设施，主要有停车列检库、调车机库、临修库、不落轮镟床库和车辆自动洗刷库，以及出入段线、试车线、各种车库线、牵出线、存车线、走行线等各种辅助线路。停车场配备的主要设备有调车机（内燃机）、自动洗车机、不落轮镟床、车辆救援设备，以及车辆重大临修的驾车机、起重机、叉车等。

图1-1　停车场

（2）车辆段　车辆段除了可作为停车场外，还是车辆进行较大维修工程的场所。车辆段主要有以下功能：

1）承担车辆段的行政、技术管理工作。

2）承担配属车辆的停放、列检、架修、临修等检修工作。

3）承担乘务运转工作。

4）承担配属车辆的定期洗刷工作、不落轮镟修工作。

5）承担段内设备、机具的维修和调车机车、轨道车辆的日常维修工作。

6）承担事故列车的救援工作。

车辆段（图1-2）比停车场多设置有车辆架修、大修的设施设备，车辆主要检修方式为部件换修。同时，根据工艺要求，车辆段要具备对车辆零部件进行检修的能力。

a)

b)

图1-2　车辆段

车辆段的车辆检修设施主要有架修库、大修库、静调库和部件检修间，一般还设有油漆间、熔焊间、机加工间和必要的辅助间等。车辆架修、大修的主要设备有架车机、公铁两用牵引机、移车台或车体吊装设备、内燃机车、轨道维修平板车、蓄电池牵引车、隧道清洗车、转向架、车钩、电机、车门系统等的试验和修理设备、车辆油漆设备、列车静态调试设备、清洗机等。材料库配备必要的运输和起重设备，综合维修中心配备机床设备、计量和化验设备等。

承担列车转向任务的车辆段还应设置列车的回转线。

车辆段划分为检修区和运营区，所有的检修工作集中在检修区进行，车辆的停放、列检、乘务工作均在运营区进行。

车辆段一般兼有综合检修基地的功能，是保障线路各系统正常运行的保障基地和管理部门。在停车场一般设有各系统的维修工区，归综合检修基地管辖。

综合检修基地包括综合检修基地检修车间、材料总库、特种车辆库、办公楼等设施。

2. 检修场地的主要线路

（1）停车线　停车线应为平直线路，一般设有停车库。停车线停放车辆的同时兼作检修线，有贯通式和尽端式两种。贯通式停车线便于列车的灵活调度，因此应尽可能采用贯通式。尽端式停车线每线一般停放2列列车，贯通式停车线一般停放2~3列列车。

（2）出、入段线　供车辆出、入停车场或车辆段的线路称为出、入段线。其一般设置为双线，且应避免切割正线，并根据行车和信号要求留有必要的段（场）线路与运营正线的转换长度。

（3）牵出线　牵出线适合段（场）内调车。牵出线的长度和数量根据列车的编组长度和调车作业的方式和工作量确定。

（4）静态调试线　静态调试线（即静调线）设在静态调试库内。列车检修完毕到试车线试车之前，要在静态调试库对列车进行静态调试，检查各部分的技术状态，对电气设备和控制回路的逻辑动作和整定值进行测试和调整。静态调试线全长设置地沟，地沟内设置照明光带。静态调试线为平直线路，设有车间牵引电力电源和有关的测试设备。

车辆段在车辆检修后应进行车辆的尺寸检查，其中要对车辆的水平度进行检查，需要标准较高的线路（称为零轨），此检查线路宜设在静态调试线。

（5）试车线　试车线供定修、架修、大修后列车在验收前进行动态调试。其长度应满足远期列车最高运行速度性能试验、列车编组、行车安全距离的要求。试车线一般为平直线路，城市线路中间要设有不小于一单元列车长度的检查坑供列车临时检查用。试验线还应设有信号的地面装置，可进行列车车载信号装置的试验。

试车线旁应设置试车工作间，内设信号控制和试车必需的有关设备、设施和仪器。试车线需采取隔离措施。

（6）洗车线　洗车线（图1-3）供列车停运时洗刷车辆，其中部设有洗车库。洗刷线一般为贯通式，应尽量和停车线相近，这样可以减少列车行走时间，并减少对车场咽喉地区通

图1-3　洗车线

过能力的压力。

洗车库前、后需设置不小于一列车长度的直线段,以保证列车平顺进、出洗车库。

(7)检修线　检修线为平直线路,布置在检修、定修、架修、大修库内。架修、大修线的线间距,除考虑架修作业需要外,还要综合考虑架车机等检修设备、检修平台等的布置、检修移动设备、备件运输车辆移位以及检修人员作业需要的空间来确定。检修线中应有一条平直度要求较高的线路,用于精确测量车体地板高度。

(8)临修线　列车发生临时故障和破损时,需要在临修线上完成对车辆的临修工作。临修线长度应能停放一列列车,并考虑列车解编的需要。

以上是保证列车运行和检修的主要线路,除此之外,检修基地内还要按需设置临存车线、检修前对列车进行清洗的吹扫线、材料装卸专用线、特种车辆(如轨道车、接触网架线试验车、磨轨车、隧道冲洗车等)停车线、联络线、与铁路连通的城市轨道交通专用线等。这些线路用道岔相互连接,道岔和信号设备联锁,由设置在站场中央的调度室对电气集中控制设备进行操作,通过排列和开通列车的进路,进行调车和取送车作业。

布置车场线路,应遵循以下几点要求:

1)列车停车、检修、试验及其他作业的线路应为平直线,其他线路的坡度不应大于2‰。由于在车场内是无载客运行,通过对数较少、行车速度较低,最小平面曲线半径 R 可根据道岔的导曲线半径及车辆构造允许的最小曲线半径等因素确定,一般以 $R \geq 150m$ 为宜。

2)除架修线、大修线外,车场内城市轨道交通列车可能到达的地方应设置接触网或接触轨(包括接通至库内)。若采用接触轨,应有防护设施;若采用接触网,应在线路交界处设置醒目的标志,防止列车误入无接触网区段,造成列车受电弓和接触网的损坏事故。

3)在线路端部应设置车挡,防止溜车。

4)对各线路接触网应根据实际情况分区(段)供电,设置隔离开关,分别断、送电,便于对列车进行各种作业。

5)除架修线、大修线外,其他线路的有效长度至少应保持为远期规划列车编组长度与轨道长度之和,再加上能满足司机瞭望和行车安全的距离。

3. 车辆运用检修库房和车间及其主要设备

(1)停车列检库及其附属车间　停车列检库兼有停车、整备、清扫、日常检查、司机出乘等多种功能。为实现这些功能,停车列检库除设有停车线外,还设有运用车间、运转值班室、司机待班室等司机出乘用房,以及列车和列车车载信号设备检修用房。停车库大都设有自动防灾报警设备(与整个消防系统联系在一起)架空接触网或接触轨应进库,接触轨应加防护装置。每条库线两端和库外线之间及停车台位之间应设置隔离开关,可以对每条停车线的接触网(接触轨)独立停、送电。

城市轨道交通车辆除了由自动洗刷机洗刷和人工辅助洗刷外，每月还要对列车的室内进行清扫、洗刷和定期消毒。这些工作在清扫库进行，清扫库一般与停车库相邻，库内应设置上、下水及洗刷平台。

在停车库两端应有一段平直硬化地面，作为消防、运输通道，通道应该设有可动防护栏杆，平时封锁，必要时使用。

（2）检修库及其辅助车间　检修库及其辅助车间的平面布置主要取决于车辆的配属量、修程、检修方式及其工艺流程，同时应综合考虑自然地形条件、工件运输线路及安全、防火和环境要求等因素。

1）双周、双月检库。双周、双月检都要在库内对列车的走行部、车体及车顶设备进行检查。线路采用架空形式，除线路中间设置地沟外，在检修线两侧设有3层立体检修平台，底层地坪低于库内地坪（若以轨面高程为0m，则其他地坪高程约为-1.00m），可以对走行部以及车体下布置的电器箱、制动单元、蓄电池进行检查；中间平台高程约为+1.10m，可以对车体车门进行检查作业；车顶平台高程为+3.50m，可以对车辆顶部的受电弓、空调设备进行检修，车顶平台须设有安全栏杆。

双周、双月检库可设有悬臂吊、液压升降车、电器箱搬运车等运输车辆，对需要进行拆、装作业的受电弓和空调设备进行吊装，还应设有受电弓、空调装置、车载信号、试验设备等辅助工具间以及备品工具间。

2）定修库。定修库线路采用架空形式，中间设置检修地沟，两侧设置3层检修平台，车库内设2t起重机。

3）架修、大修库。架修、大修库的布置应根据车辆检修工艺流程确定。车辆设备和零部件的检修方式以互换修为主，一般采用流水作业和定位修方式相结合。采用部件互换修可以减少列车的停库时间，并且可以合理地安排计划，做到均衡生产，避免因某一部件检修周期长而影响整列车的检修进度。联合检修厂房内设有车辆的待修、修竣部件和备用零件的存放场地。

架修、大修库内的主要设备有地下式架车机、移车台、桥式起重机、公铁两用牵引车、必要的运输工具、工作平台等。

4）辅助检修车间及其设备。城市轨道交通车辆分解的各部件检修在辅助检修车间进行。这些辅助检修车间根据列车架修、大修的工艺流程，大部分布置在检修主库的周围。

① 转向架、轮对间：通过轨道与转向架转盘、大修库相连接，主要由转向架检修区、轮对检修区和轮对等零部件的存放区组成。

转向架检修区对转向架进行分解，分解后的零部件送到相应检修位置进行检修，恢复技术状态后进行组装。转向架检修区配置的主要设备有转向架冲洗机、转向架转盘、转向架静载试验台、转向架综合试验台、地下式转向架托台、减振器试验台、一系悬挂弹簧试验台等。

轮对检修区主要对轮对以及轴箱、轴承进行检修，主要配置有清洗用油槽、摇动式清洗机、轴承拆装设备、轮对压装机、立式车床、轴颈磨床和轮对车床等大型设备，还有超声波及磁粉探伤设备。为适应互换修方式，转向架、轮对间应有足够的转向架、轮对及其他零部件的存放场地及相应的起重设备。

② 电机间：是对车辆牵引电动机、空气压缩机电动机及其他车辆设备（如制动电阻冷却风机等）的动力电动机进行检修的辅助车间。

电机间的主要设备有牵引电动机试验台、其他电动机试验台，采用直流电动机的还有整流器下刻机、点焊机、动平衡试验机等。

电动机大修专业性强，检修量小，并且需要绕线、浸漆、烘干等设备，一般委托专业工厂进行。

③ 电器间、电子间：电器间承担对车辆电器组件的检修作业，装备有综合电器试验辅助逆变器试验台、高速开关试验台、主接触器试验台、速度传感器试验台及供电气测试的各种仪器仪表。电子间主要对列车牵引、制动、空调等计算机控制系统的各类电子控制板进行检修工作。电子间的检修、测试对象都是精密的电子元件，因要求采取无尘、防静电、控制环境温度和湿度等措施，是一个对环境要求很高的车间。

辅助车间还有车门制动、车钩、受电弓、空调检修间，相应的配备有车门试验台、制动试验台、阀类试验台、车钩试验台、受电弓试验台、空调试验台以及必要的检修设备。

上述辅助车间一般都布置在架修、大修主库的周围，可以使检修工序流程合理、紧凑、简洁，减少运输路程，提高工作效率。

（3）其他库房及车间　检修场地内有些库房及车间由于环境保护要求、劳动保护要求、检修的特殊要求等因素，或者是由于设施和检修基地的检修需共同使用，要单独设置。

1）不落轮镟床库。城市轨道交通车辆转向架的轮对在运行中有时会发生踏面的擦伤、剥离和轮缘磨耗等问题，需要及时镟削，使用不落轮镟床可以不拆卸轮对，直接对车辆的轮对踏面和轮缘及时地进行镟削。

不落轮镟床需要在温度、湿度得到控制的环境中使用，为减少投资，应在库内为镟床单独设置隔离的环境空间。

不落轮镟床库及其前、后一列列车范围的线路为平直线路，作业线的长度要满足列车所有车辆轮对镟削的要求，列车出入库和轮对的就位一般由专门的牵引设备完成。

2）列车洗刷库。列车洗刷库建在洗刷线的中部，库内设有自动洗刷机，可对列车嘴部和侧面进行化学洗涤剂和清水洗刷。在洗刷过程中，列车的行进可利用自身动力，也可用专设的小车带动。洗刷分为水喷淋、喷化学洗涤剂、刷洗等多道工序，在寒冷地区还要有车体干燥工序。

为避免列车洗刷作业影响其他线路的进路，洗刷机前、后线路的长度都应不小于一列列车的长度。

3）蓄电池间。蓄电池间主要对城市轨道交通车辆的碱性蓄电池进行充电和检修，也对各种运输车辆的酸性蓄电池进行充电和检修。蓄电池间配置相应的试验设备、充电设备、通风设施、给排水设施与防腐设施。碱性和酸性蓄电池操作间要分开设置，以防止酸性气体进入碱性蓄电池，酸碱会发生中和作用而影响蓄电池的质量。

蓄电池间要单独设置，并布置在常年主导风向的下风侧，还要有防爆措施。

4）中心仓库。中心仓库承担城市轨道交通全线各专业所需机电设备、机具、工具、材料、备品备件的供应工作。其主要工作包括采购、入库、仓储、发放。仓库中应有仓储及运输等设备和设施，还应附有露天存放场和材料专用轨道线，应设置专门的环控库房，以存放对环境要求高的精密配件。对于易燃易爆物品要单独设立危险品仓库，危险品仓库应单独设置在对周围建筑影响最小的位置，并与外界隔离。易爆、易燃物品应根据性质分不同房间存放。建筑物的通风、消防等要符合有关规定。

随着现代化物流技术、计算机信息管理技术和电子商务的发展，可采取自动立体化仓库仓储技术。自动化立体仓库主要由货物存储系统、货物存取和运输系统、控制和管理系统三大系统，以及与之配套的供电系统、消防报警系统和网络通信系统等组成。

除此之外，其他库房及车间还有调机库、消防间、污水处理站、配电站、变电站、机加工中心、汽车库等，它们也需要单独设置。

（4）车库、车间建筑的一般技术要求

1）车库的长度根据股道作业车辆数（如停车列数、检修台位数）、横向运输作业要求、消防通道作业要求等因素确定。

2）车库的宽度根据股道数量、股道作业需要间距、检修设备布置、运输通道、消防通道等因素综合考虑，并符合建筑设计的有关要求。

3）车库的高度应符合车辆限界、车顶作业和车顶上部起重设备作业维修的要求。

4）厂房应有良好的通风、采光条件，对有环境要求的车间厂房应有空调设备，在寒带地区应有采暖设施。

5）应设置必要的上水、下水、动力、照明、压缩空气的管路、线路及相关设施，按作业区设置必要的水、电计量表具。

6）应按消防要求配备必要的手携式灭火器、消火栓、水喷淋等消防设备和设施。防火等级要与厂房的用途相适应。

7）应在主库的边跨布置必要的办公和生活设施。

8）在需设检查地沟的线路，一般设置宽地沟，地沟的深度以 1.4~1.45m 为宜。

9）必须设接触网（轨）的线路，应以不影响其他作业区、保证设备和人身安全为原则，设置隔离开关并进行分区供电，同时设置必要的安全设施。

10）对于三废的处理，废水和废渣应形成处理系统，进行集中处理为宜；废气应就地处理，达到环保排放标准。

11）噪声应治理，对振动和噪声较大的设备应进行基础隔离或设置消声设施。

4. 综合检修基地

综合检修基地承担全线各种设备、设施的定期检修、维护和故障维修。综合检修基地一般和车辆检修场地设置在一起，也可以单独设置，但必须设置在车辆检修基地的紧邻地区。

用于较长城市轨道交通运营线路或者两条以上运营线路的设备、设施进行检修时，检修任务大，可以设立综合检修中心，检修中心下可设各专业段（或车间）。用于不长的城市轨道交通运营线路或在运营的初、近期阶段的设备、设施进行检修时，检修量不大，可设立综合检修段（所），下设备专业维修工区。

按照专业一般可分为下面几个段（区），根据专业特点需要有相应的检查间，并配备必要的检修设备。

（1）通信信号段（区） 通信信号段承担全线通信和信号设备、设施的检修和维护工作，需设立通信检修间和信号检修间。

（2）机电段 机电段承担全线主变电站、牵引变电站、降压变电站等运行设备的维护工作，接触网、车间通风、空调等环境设备的维护工作，以及自动扶梯、电梯、照明、防灾报警等辅助设备的维护、检修工作，需设置机电维修间、接触网架线、试验车以及相关的机械加工设备。

（3）修建段（区） 修建段承担全线地下隧道及建筑、高架桥梁及建筑、线路、道岔等设备、设施的巡检、维护工作，需设有公务维修间，并配备有轨道探伤及检测设备、磨轨机和隧道清洗车等必要的生产设施。

在综合检修基地还要配备相应的生产设施、特种车辆存放线、车库、办公和生活设施。综合检修基地的功能和任务如下：

1）承担所辖线路沿线隧道、线路和桥梁等设施的检查、维护和维修工作。

2）承担所辖线路车站建筑和地面建筑的维护和维修工作。

3）承担所辖线路变电所、接触网、供电线路和设备的运行管理、检查、维护和维修工作。

4）承担所辖线路各机电系统及设备的运行管理、检查、维护和维修工作。

5）承担所辖线路通信、信号系统的运行管理、检查、维护和维修工作。

6）承担所辖线路自动售票系统和设备的运行管理、检查、维护和维修工作。

7）承担所辖线路防灾报警系统、设备监控系统的检查、维护和维修工作，基地各系统和设备的大修、中修等工作。

8）承担所辖线路运营、检修所需的各类材料、设备、备品配件的采购、储备和发放工作。

三、任务评价

任务评价表

项目	评价标准	评价等级		
		优	合格	不合格
专业知识测评	掌握城市轨道交通车辆检修基地和综合维修基地的功能			
	了解城市轨道交通车辆检修基地的主要线路			
	熟悉城市轨道交通车辆运用、检修库房和车间的作用			
总评及建议				

任务二　城市轨道交通车辆检修制度认知

一、任务目标

1. 了解城市轨道交通车辆的检修系统。
2. 了解城市轨道交通车辆检修的规程。
3. 了解城市轨道交通车辆的检修工艺。

二、知识准备

1. 城市轨道交通车辆检修制度

城市轨道交通车辆采用定期维修方式，按预防修的原则，从车辆的技术水平出发，综合考虑车辆各部件的维修周期、寿命周期来确定车辆修程，并针对车辆的各级修程制订车辆的检修规程及车辆部件的检修工艺文件。当车辆运行到一定里程或一定时间时，就要按车辆检修规程和车辆部件检修工艺的要求对车辆及其部件进行检查、维护或修理。这就是通常所讲的城市轨道交通车辆检修制度。

（1）定义　城市轨道交通车辆检修制度是指为使城市轨道交通车辆在良好技术状态下稳定、可靠地运行，延长使用期限而做出的按计划进行检查和检修的规定。世界各国城市轨道交通车辆的检修制度不尽相同，大多数国家采用以计划预防检修为主的制度。我国城市轨道交通车辆采用预防性的定期检修制，逐步实行状态修、换件修和主要零部件的专业化、集中修制。在定期检修制中，根据城市轨道交通车辆的检修规程所包含的内容不同，检修分大修、中修、小修和辅修。

（2）制度分类　国际上通行两种检修制度：计划预防修理制度和按车辆技术状态修理的制度。计划预防修理制度，即首先摸清城市轨道交通车辆主要零部件的损伤规律，然后确定其使用期限，再在此基础上确定合理的检修循环结构和检修周期，使城市轨道交通车辆零部件在运用中产生的损伤尚未达到极限时就能加以修复。按城市轨道交通车辆技术状态修理的制度，即在设备工作寿命期内，将运行设备按照规定的状态值来检查其运行参数，只要设备运行参数在规定的状态限界值以内时，就一律不检修，当运行参数超出规定的状态限界值时，就按照规定工艺进行检修，使其恢复到规定的状态值后继续使用；设备达到有效使用寿命期，则予以更新。这种修理制度在保证设备安全的前提下，充分发挥了运输设备的内在潜力，力图将检修工作量减小到最低限度。这就是先进的状态修，也是我国城市轨道交通车辆将逐步实施的检修制度。

目前世界各国城市轨道交通车辆的检修制式有两种，一种是厂修、段修分修制，另一种是厂修、段修合修制。

1）厂修、段修分修制是指修建专门的车辆大修厂（一般不限于1个），承担全线路网各线城市轨道交通车辆的大修任务；车辆的架修、定修及其以下的修理工作，由各线的车辆段承担。

2）厂修、段修合修制是指不设专门的车辆大修厂，城市轨道交通车辆的大修在车辆段内进行。世界大多数城市轨道交通车辆检修都采用合修制。

2. 城市轨道交通车辆的检修时程

（1）国外城市轨道交通车辆检修时程　国外城市轨道交通车辆的修程主要是以预防性维修为原则，根据走行公里数与运行时间安排对车辆的各部件进行修理。例如，日本城市轨道交通车辆的修程主要有重要部检查、全面检查、日检查、月检查。

（2）国内城市轨道交通车辆检修时程　国内主要城市轨道交通车辆的检修时程大致分为列检（日检）、月检（双月检）、定修、架修和厂修（又称大修）。

1）列检。列检是对当天回库的车辆进行检查，是最初级的维护。

2）月检。月检是对车辆外观和一般功能进行检查，即对车辆主要部件的技术状态进行外观检查和必要的试验，对危及行车安全的故障进行全面修理。图1-4所示为月检中的车辆。

图 1-4　月检中的车辆

3）定修。定修是指对运用中的车辆，每隔一定时间进行一次具有一定内容的检修工作。定修能有计划地使车辆恢复运用功能，保持良好的技术状态，并保证在到达下一个定修以前不出现重大故障。定修主要是预防性的修理，需要进行架车，对各大部件的技术状态和作用做较仔细的检查，对检查发现的故障进行针对性的修理，对车上的仪器和仪表进行校验，车辆组装后要经过静调和试车。图 1-5 所示为定修中的车辆。

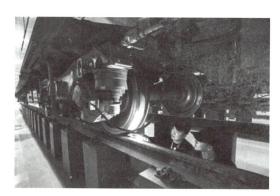

图 1-5　定修中的车辆

4）架修。架修的主要目的是检测和修理大型部件（如走行部、牵引电动机、传动装置等），同时，通过架车对车辆各部件进行解体和全面检查、修理、试验，对计量的仪器、仪表进行校验，车体要重新喷涂油漆、标记，组装后须进行静调和试车。图 1-6 所示为架修中的车辆。

5）厂修。厂修是对车辆进行全面检查和彻底修理，并进行必要的现代化技术改造。其目的是恢复车辆的基本技术性能，使修理后的车辆接近新造车辆的水平。厂修后，主要部件的技术质量应能保证在一个段修期内正常运用。厂修一般在车辆修理工厂进行，必要时可以在有条件的车辆段进行。厂修是做全面恢复性修理，要求对车辆进行全面解体、检查、整行、修理和试验，完全恢复其功能；组装后，要重新喷涂油漆、标记、静调和试车。总之，厂修后的车辆基本上要达到新车出厂水平。图 1-7 所示为厂修中的车辆。

我国各个城市轨道交通公司的检修时程各有不同，有的城市轨道交通公司还有双周检、双月检等，但总体区别不大。检修时程见表 1-1。

图 1-6　架修中的车辆

图 1-7　厂修中的车辆

表 1-1　检修时程

检修级别	运用时间	走行 /km	检修停时
日检	1 天	—	—
双周检	14 天	4000	4h
双月检	60 天	20 000	48h
定修	1 年	100 000	10 天
架修	5 年	500 000	25 天
大修	10 年	1 000 000	40 天

3. 城市轨道交通车辆检修限度

随着车辆设计和生产的模块化、集成化程度逐步提高，车辆的设备、部件和零件具有越来越良好的互换性，这就使车辆在运行可靠性得到提高的同时大大减少了车辆的检修量，大大缩短了车辆检修的停运时间。与此同时，车辆部件朝着少维修、免维修方向发展，也延长了它们的维修周期。

微机控制的故障诊断技术以及对车辆一些部件进行在线自动测试技术的应用，使对车辆一些部件的检修逐步朝着状态修的目标发展。

各运营单位的目标是对车辆零件的磨损、车辆设备和部件的故障进行记录、统计、分析，在总结车辆运行、检修实践经验的基础上，对车辆的修程及其检修周期、检修停运时间不断进行优化，对检修制度进行改革，确定新的修程，并逐步向均衡计划检修方式过渡。

（1）车辆检修限度的种类　车辆检修限度分为最大限度和中间限度两种。各种限度都是对零件的有关尺寸做的规定，尺寸单位为 mm。

1）最大限度。最大限度一般指运用限度，又称为列检限度。最大限度是允许车辆零部件存在的损伤的极限程度，是判断零部件能否继续运用的依据。车辆在运用过程中，当零部件的损伤程度达到了运用限度时，说明损伤已达到了极限状态，则该零部件不能继续使用，必须进行修理或更换，才能保证列车安全。

2）中间限度。中间限度是指各种定期检修时容许存在的零件损伤程度。中间限度即四级检修限度、三级检修限度、二级检修限度、一级检修限度，是月修、定修、架修、大修中应掌握的检修限度。

（2）确定运用限度的基本原则

1）从零件的工作条件来考虑。

2）从配件的工作条件来考虑。

3）从车辆整体和列车运行性能来考虑。

① 考虑车辆运行的安全性和平稳性。

② 考虑经济、技术上的合理性。

（3）确定中间限度的基本原则　中间限度是决定零件在各次修程中修与不修及其装配条件是否合格的标准，直接影响到车辆修理后的技术质量和所需的修理费用。确定中间检修限度的基本原则：当零件或配合件的磨损损伤程度在这个限度内时，磨损表面尚有足够的磨损余量来保证继续安全使用到下一个规定修程。

4. 城市轨道交通车辆的检修规程

在城市轨道交通车辆的修程确定以后，就要根据车辆主要零部件的检修等级、检修范围和检修周期，同时考虑一般零部件的检修工作，制订每个修程的检修规程。

检修规程中规定了零部件的检修范围并确定了相应的技术要求。技术要求包括磨耗件的使用限度、零件间的几何间隙允许误差、电气设备的整定值、重要紧固件的紧固力矩等。为使得经过检修后的车辆零部件达到技术要求，检修规程对检修必须使用的工器具和检修的方法做出了具体规定。

5.城市轨道交通车辆的检修工艺

检修工艺是保证车辆及其零部件的检修质量、提高检修效率的根本途径。对车辆及其部件的检修都必须制订检修工艺。检修工艺要根据检修的技术要求、检修和检测设备情况，并考虑合理的生产工艺过程，尽量使生产过程在工序上保持连续性，在时间上紧密衔接；在设备、人力等资源的使用上保持均衡性，使工作量和工作节奏保持均匀。检修工艺的内容应包括以下几个方面：

1）检修准备、分解、检查、修理、组装、试验的工作程序。

2）每道工序的具体工作方法，操作者必须遵循的操作标准。

3）工序使用的工具、量具、设备及其规格、型号、精度要求。

4）工序使用的材料及其规格、型号。

5）每道工序的质量标准及其检验方法。

必要时还要给出安全注意事项和运输等检修辅助工作的具体规定。

三、任务评价

任务评价表

项目	评价标准	评价等级		
		优	合格	不合格
专业知识测评	了解城市轨道交通车辆的检修系统			
	了解城市轨道交通车辆检修的规程			
	了解城市轨道交通车辆的检修工艺			
总评及建议				

Project 2

项目二

城市轨道交通车辆车体外装、客室内装及车体附属部件的维护

项目描述

城市轨道交通车辆的检修与日常维护工作对城市轨道交通运营的安全与运营质量至关重要。对城市轨道交通车辆进行检修有利于提升城市轨道交通运行性能,减少或避免城市轨道交通安全事故的发生。由于各城市使用车辆的性能、气候环境以及人文习惯的不同,导致所制订的车辆检修工艺存在一些差异。

车体是城市轨道交通车辆的主体结构,是供旅客乘坐和司机驾驶的部分,主要功能是运载旅客,承受和传递载荷,车体上安装了传动机构、电气设备和内装设施。

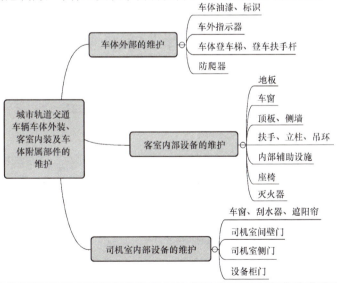

任务一　车体外部的维护

一、任务目标

1. 能检查车体有无外表损伤，油漆、标识情况。
2. 能检查车外指示器。
3. 能检查车体登车梯、登车扶手杆。
4. 能检查防爬装置等车体附件安装状况。

二、知识准备

1. 车体概述

车体是城市轨道交通车辆的主体，是指除去转向架的车辆上部结构。车体的主要功能是运载乘客，承受和传递载荷，安装传动机构、电气设备和内部设施。城市轨道交通车辆车体结构设计的疲劳寿命一般均大于 30 年。

车体结构具有多样性。城市轨道交通车辆一般为电动车组，有单节式、双节式、三节式等。车辆有头车（带有司机室的车辆）和中间车，以及动车与拖车之分。为减轻列车自重，车体必须轻量化，车体承载结构一般采用大型中空截面挤压铝型材、高强度复合材料或不锈钢等，采用整体承载筒形车体结构，车辆的其他辅助设施也应尽量采用轻型材料和轻量化结构。

城市轨道交通车辆服务于城市内的公共交通，乘客数量多、旅行时间短、上下车频繁，因此车内设置的座位数量少，车门数量多且开度大，服务于乘客的车内设备简单，但车体的防火、隔声和降噪要求严格。图 2-1 所示为车体模型图。

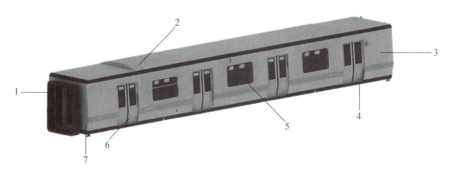

图 2-1　车体模型图

1—贯通道　2—车顶　3—侧墙　4—车底　5—车窗　6—车门　7—端墙

车体按照所使用的材料不同可分为碳素钢车体、铝合金车体和不锈钢车体 3 种。

车体按照车体结构有无司机室可分为带司机室车体和无司机室车体两种。

车体按照车体尺寸不同可分为 A 型车车体、B 型车车体和 C 型车车体，如广州地铁 1、2 号线和深圳地铁采用了 A 型车车体；广州地铁 3、4 号线和天津滨海轻轨采用了 B 型车车体。

车体按照车体结构工艺不同可分为一体化结构和模块化结构，如广州地铁 1 号线车辆采用的是一体化结构，而 2 号线车辆采用的是模块化结构。

车体按照车体结构承受载荷的方式不同，可分为底架承载结构、侧墙和底架共同承载结构及整体承载结构 3 类。底架承载结构是指全部载荷由底架来承担的车体结构，也称为自由承载结构；侧墙和底架共同承载结构是指由侧墙、端墙与底架共同承担载荷的车体结构，也称为侧墙承载结构；整体承载结构指车顶由板梁式侧墙、端墙上固接金属板、金属梁组焊接而成，车体的底架、侧墙、端墙、车顶连接成一个整体，形成开口或闭口的箱形的车体结构，此时车体各部分结构均参与承受载荷，因而称为整体承载结构。

2. 车体的结构

由于我国对于城市轨道交通车辆没有强制性的统一制造标准，所以各个运营企业所采用的车辆技术平台各不相同，但在关键技术、核心结构上大同小异，下面仅以在技术、结构上较具代表性的某城市轨道交通车辆为例进行介绍。车体的一般结构形式如图 2-2 所示。

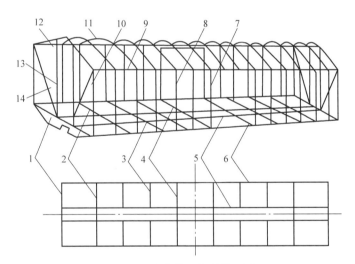

图 2-2 车体的一般结构形式

1—缓冲梁（端梁） 2—枕梁 3—小横梁 4—大横梁 5—中梁 6—边梁 7—门柱 8—侧立柱
9—上侧梁 10—角柱 11—车顶弯梁 12—顶端弯梁 13—端立柱 14—端斜撑

（1）底架 底架采用无中梁结构，由牵引梁、枕梁、缓冲梁、边梁、横梁、波纹地板等组成，两侧为两根 4mm 厚不锈钢冷弯型钢槽形边梁，在边梁之间布置 4mm 厚不锈钢横梁，牵引梁和缓冲梁部分采用高耐候结构钢，使车体结构具有足够的强度以承受车辆运行过程中的各种载荷。底架上面铺设 0.8mm 厚不锈钢波纹地板。在车体底架边梁的下平面二位枕梁两侧各设2个吊车架车位，每车共8个位置，同时在一、二位端车钩安装座下方设2个顶车位。城市轨道交通车辆（A型）架车点如图2-3所示，这些车位用来满足车辆拆卸、组装、检修、吊运、救援、复轨等作业的要求，正常吊车、架车时使用3~6架车位；在救援、复轨等特殊情况下可以使用1、2、7、8架车位，如果需要可以辅助使用9、10顶车位。在头车（Tc车）的前端应设置吸能装置，用于车辆发生碰撞时吸收能量和保护乘客。

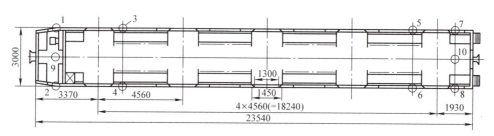

图2-3 城市轨道交通车辆（A型）架车点

（2）车顶 车顶采用无纵向梁波纹顶板结构，主要由弯梁、波纹顶板、侧顶板、平顶水管等组成。空调安装位置设有空调平顶，平顶由异型冷拔钢管和端顶横梁组成的骨架共同承受载荷。空调平顶设有密封胶条，密封胶条套在平顶板的法兰上，用于空调和平顶之间的密封防水。

客室顶板由车顶骨架、中顶板、通风格栅、侧顶板组成，相对客室纵向中心线左右完全对称。为了便于门机构、客室LED显示器、扬声器等各种设备的检修，侧顶板一般设计为可旋转的铰接结构。顶板的固定应尽量减少紧固件的外露，顶板所有外露表面均应做喷漆处理。中顶板所在平面为客室内顶板的最高点。门区侧顶板下部水平部分为内顶板的最低点。中顶板为平顶结构。中顶板和灯罩之间通过通风格栅实现自然过渡。顶板采用插接方式或通过螺栓、螺钉与车顶骨架连接，顶板与骨架之间均采用减振材料以降低车内噪声。

车顶骨架由纵梁和横梁组成，安装方便且固定牢靠，纵梁和横梁均为铝型材。中顶板为铝蜂窝板，表面喷漆，整个中顶板由门区中顶板和窗区中顶板插接而成。通风格栅为铝型材。侧顶板采用铝型材和铝板组合结构，表面做喷漆处理，侧顶板安装在车顶两侧，为可开启式的活门结构，可方便对门机构、门控器、扬声器等设备进行检修。车顶结构如图2-4所示。

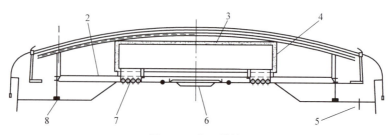

图2-4 车顶结构

1—顶板吊梁 2—顶板横梁 3—空调风道 4—隔声、隔热材料 5—内部装饰 6—灯带 7—出风口 8—顶板悬挂

（3）侧墙　侧墙为两条直线加一段过滤圆弧形状，采用内层筋板结构，以整体冲压成型的内层筋板来取代传统不锈钢车体侧墙上大量的补强梁，结构简单，强度、刚度大，质量小，外表美观。侧墙主要由侧墙板、门立柱、端立柱、窗立柱、窗口横梁等组成。侧墙板在纵向分为上、下两块，材料为 1.5mm 厚不锈钢。门立柱采用 4mm 厚不锈钢板，以提高门口结构的强度和刚度，其上部与上边梁连接在一起，下部与底架边梁连接在一起，并增加门角以增加强度。窗立柱与窗口横梁焊成窗口骨架，再通过点焊与侧墙板、内层筋板连接在一起。

客室侧墙板窗口处采用整体成型结构，窗口侧墙板上、下通过螺钉安装在侧墙内部骨架上，门罩板两侧采用螺钉安装在侧墙内部骨架上。电加热下墙板上部通过螺钉安装在电加热底板上，下部与地板插接固定。

客室墙由侧墙骨架和侧墙板构成，侧墙骨架采用铝型材，沿全车纵向布置，采用整体骨架结构，既增加了整体的刚度又可以适当调节安装位置，能减少工作量。侧墙板采用铝板和铝型材的组合结构。

（4）端墙　端墙把底架、车顶、侧墙结合成一体，共同承受车体所受的各种载荷，其主要由端门立柱、门槛、端角柱、端墙板等组成。端门立柱由两根压型件点焊而成，为中空结构。端角柱为压型结构，材料均为 3mm 厚不锈钢。端墙板采用鼓筋结构，材料为 15mm 厚不锈钢，端墙板通过点焊与端门立柱、端角柱等焊接成一体，承受载荷。

（5）司机室　头车（Tc 车）前端设有司机室，司机室采用不锈钢冷拔钢管组成内部骨架，外部罩有玻璃钢罩，玻璃钢罩与内部骨架采用过渡件连接。司机室外观如图 2-5 所示。

在每个门口上部设置有门机构安装座，用于门机构的安装，门机构安装座与侧墙上边梁和车顶小弯梁焊接在一起。

车体分为带司机室的拖车、动车和拖车三部分。车体承受自重、载重、牵引力、通过曲线时的横向力、制动力等载荷及作用力，满足在极端条件

图 2-5　司机室外观

下承受动载荷、静载荷，以及冲击载荷的要求。在各种条件下（如架车、起吊、救援、调车、联挂、多车编组回送作业的各种力的作用下），车体所受应力不能超过设计允许应力值，不能产生永久变形及损坏。车体刚度在正常载荷作用和自然频率下，变形应不超过运行条件所决定的极限值，以确保在各种载荷作用下车门运动不受阻。

车体材料主要采用奥氏体不锈钢材料，车体的牵引梁、枕梁部位采用高耐候钢车体结构，以具有足够的强度承受车辆运用过程中的各种载荷。

车体的焊接应尽量采用点焊，以减少热影响，避免焊接变形，保证表面平滑。

各部分在专门的总组装台位焊接成完整的车体,为确保组装后的水密性良好,各接口处焊后均应涂防水密封胶,并进行淋雨试验。

3. 车体的制造材料

早期城市轨道交通车辆车体材料基本是碳素钢(包括普通低碳钢和耐候钢)。一般整体承载结构车体质量占车辆质量的 20%~25%,减小车体质量不仅能够降低牵引动力的消耗,也可以减少车辆走行部和钢轨的磨耗,延长轮对的使用寿命。采用不锈钢车体可减小质量 1~2t,同时能获得良好的防腐特性。铝合金质量仅为钢材料的 1/3,且同样具有良好的金属特性。因此,目前我国主要使用铝合金和不锈钢作为车体制造材料。

(1)铝合金车体 铝合金车体是一种轻型整体承载结构,其主要材料是铝合金型材,通常采用模块化结构或全焊接组装。图 2-6 所示为城市轨道交通车辆铝合金车体。其特点如下:

1)能大幅度减小车辆质量。铝的密度为 $2.71 g/cm^3$,约为钢密度($7.87 g/cm^3$)的 1/3,在车辆长度相同的条件下,与碳素钢车体相比,铝合金车体的质量减小了 30%~35%。

2)强度好。纯铝的抗拉强度约为 80MPa,是低碳钢的 1/5。但经过热处理强化及合金化强化,其强度会大幅增加,铝合金车体的比强度可达到碳素钢车体的 2 倍。

3)具有较小的密度及杨氏模量。铝合金材料的杨氏模量约为钢的 1/3。所以铝合金对冲击载荷有较高能量吸收能力,可降低振动,减少噪声。

4)耐蚀性能好。铝合金的特性之一是接触空气时表面会形成一层致密的氧化膜,这层膜能防止腐蚀,所以铝合金车体的耐蚀性能好。

5)可运用大型中空挤压型材进行气密性设计,提高车辆密封性能,提高乘坐舒适性。同时,大型中空挤压型材制造的板块式结构可减少连接件的使用。

图 2-6 城市轨道交通车辆铝合金车体

(2)不锈钢车体 不锈钢车体具有耐腐蚀性较好、无须修补、使用寿命长等优点。使用不锈钢材料作为车体材料,能在保证强度、刚度的条件下,使板厚大大减小,从而实现车体的轻量化。不锈钢车体如图 2-7 所示。

图 2-7 不锈钢车体

根据城市轨道交通车辆的结构特点、制造工艺以及使用环境，同时考虑制造成本，要求车体所使用的不锈钢材料必须具有以下性能：

1）价格便宜、通用性高，容易购买。

2）耐腐蚀性好。

3）具有足够的强度。

4）加工性好，在对其进行剪切、弯曲、拉延、焊接等加工时，不会产生缺陷。

4. 车体外部设备

（1）车体油漆、标识　车体表面一般涂油漆，且具有标识。车体外观标识如图 2-8 所示。

图 2-8　车体外观标识

（2）车外指示器　在车体外部设置有车外指示器，可以表示车辆的运行状态或其他状态。车外指示器如图 2-9 所示。

（3）车体登车梯、登车扶手杆　在司机室车门处，为了方便司机或维护人员登车，设置有登车梯和登车扶手杆，部分车辆客室个别车门也设置了登车梯和登车扶手杆。车体登车梯、登车扶手杆如图 2-10 所示。

图 2-9　车外指示器

图 2-10　车体登车梯、登车扶手杆

（4）防爬器　一般在司机室端的底架上设置有防爬器。防爬器是一种可承受较大压力、可更换的吸能元件，用来吸收撞击时产生的能量，能减少事故发生时对乘客的伤害。防爬器如图 2-11 所示。

图 2-11　防爬器

三、任务实施

检查车体有无外表损伤，检查油漆、标识，检查车外指示器、车体登车梯、登车扶手杆、防爬器等车体附件的安装状况，并记录检查结果。

项目二 城市轨道交通车辆车体外装、客室内装及车体附属部件的维护

检查项目	检查内容	图　　示	检查结果记录
车体油漆	检查车体油漆有无损伤		
车体标识	检查车体标识是否清晰、完整		
车外指示器	检查车外指示器是否正常		
车体登车梯	检查车体登车梯有无破损		
登车扶手杆	检查登车扶手杆有无破损		
防爬器	检查防爬器有无破损		

四、任务评价

任务评价表

项目	评价标准	评价等级		
		优	合格	不合格
专业知识测评	了解车体结构			
	了解车体的制造材料			
	认知车体外部设备			
专业能力测评	能检查车体有无外表损伤，油漆、标识情况			
	能检查车外指示器			
	能检查车体登车梯、登车扶手杆			
	能检查防爬装置等车体附件安装状况			
总评及建议				

任务二　客室内部设备的维护

一、任务目标

1. 能检查车窗、门窗玻璃及其密封条。

2. 能检查客室顶板、侧墙板表面、空调回风口及出风口盖板，并进行清洁。

3. 能检查各客室座椅外观及侧挡屏风的安装状况。

4. 能检查残疾人座椅固定扣、标识标语贴纸、广告帖、广告框等客室辅助设施是否损坏。

5. 能检查灭火器安装是否牢固。

二、知识准备

1. 客室车窗

客室每侧一般均匀布置4扇车窗，装有中空玻璃，具有良好的隔热、隔声性能。中空玻璃用环型氯丁橡胶条嵌入装配在侧墙内。客室车窗如图2-12所示。

图2-12　客室车窗

2. 客室顶板、侧墙板表面

客室顶板是内装部件的重要组成部分，位于车体内部空间的顶部，起到密封、美观等作用。整个顶板由不同的中央天花板组件及两侧的出风格栅组成，它覆盖空调系统风道、顶部纵横梁、车顶绝缘件和电气电路，车体中线对称布置有 2 个回风格栅。客室侧墙板采用铝板和铝型材的组合结构。客室顶板和客室车窗如图 2-13 所示。

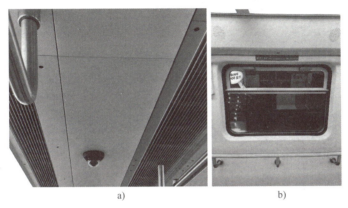

图 2-13 客室顶板和客室车窗
a）客室顶板 b）客室车窗

3. 客室座椅及侧挡屏风

客室座椅沿客室两侧侧墙纵向布置，采用悬臂结构。座椅用螺栓固定在以侧墙钢结构为支承的立柱上，整个座椅系统主要由座椅骨架、座椅面组成。其中，座椅骨架采用焊接铝合金框架结构，座椅面采用优质玻璃钢。座椅的强度能承受施加在每个座位上的规定载荷，玻璃钢座椅的本体材料满足相关防火阻燃的要求。座椅表面圆滑平整并向上倾斜，造型美观，不易破损，结构坚固，经久耐用，座椅下平面高于地板面一定高度，便于车内清洁。在座椅的两端设有挡风板。客室座椅如图 2-14 所示。

图 2-14 客室座椅

4. 客室内部辅助设施

客室内部设有残疾人座椅固定扣、标识标语贴纸、广告帖、广告框等辅助设施。客室内部附件如图 2-15 所示。

5. 灭火器

为防止突发性火灾事故等对乘客造成伤害，在 Tc 车司机室内信号柜和每辆车的客室空调柜上均设置两个灭火器，用于满足消防需求。

图 2-15 客室内部附件

a）残疾人座椅固定扣　b）标识标语贴纸　c）广告帖

灭火器内罩采用钢板喷漆结构，在内罩上设置有灭火器固定卡和底部定位圆环，外部设有玻璃罩。灭火器通过定位圆环和固定卡安装在灭火器罩内。灭火器安装形式如图 2-16 所示。

6. 扶手、立柱、吊环

列车各客室中部均设有立柱，座椅上方均设有水平扶手杆，在客室侧门两侧、贯通道两侧及司机室后端门客室侧均设有扶手。在座椅两侧设有一个座椅扶手。轮椅区设有残疾人扶手，供放置轮椅时残疾人乘客使用。在座椅上方水平扶手杆上设置有适当数量的吊环，以便站立乘客使用。所有的扶手和立柱均采用不锈钢管，扶手杆和各连接座等表面光滑、无毛刺，外表面喷砂后进行电化学处理。

图 2-16 灭火器安装形式

吊环以组件的形式安装，吊环的材质选用难燃性树脂加玻璃纤维结构，材质具有良好的阻燃性。

客室中间设有立柱,所有立柱顶部与顶板骨架通过连接座相连,底部通过螺栓和螺柱与地板相连。两侧的水平扶手杆分布在座椅上方,通过三通和吊杆连接,吊杆通过连接座与顶板骨架连接。座椅两侧的座椅扶手上部通过螺钉与侧墙相连接,下部与挡风板连接。其余扶手均通过螺钉固定。立柱、扶手布置如图2-17所示。

7. 地板

地板采用蜂窝地板。地板、地板布、橡胶制品的防火性能应满足相关规定的防火和安全要求,整个地板结构需要接受耐火测试(在20min内保持完整和绝缘)。

地板横向接缝采用搭接形式,横向接缝处下方铺设铝梁。铝梁固定到波纹地板焊接的螺柱上,铝梁与波纹地板间加复合橡胶垫,铝蜂窝地板在侧墙、横向接缝及地板中部均用机螺钉固定,铝蜂窝地板与铝梁间加橡胶板减振。地板布采用纵向通长接缝,地板布最后铺装。地板如图2-18所示。

图2-17 立柱、扶手布置

图2-18 地板

三、任务实施

对客室内的车窗、顶板、侧墙、座椅、内部辅助设施、灭火器、扶手、立柱、吊环、地板等设备进行检查,并记录检查结果。

检查项目	检查内容	图示	检查结果记录
客室车窗	检查车窗是否干净,有无油污;检查玻璃是否有裂纹和严重划伤,玻璃夹层中是否有进气和进水的现象;检查密封条状况;检查窗户是否安装牢固		

（续）

检查项目	检查内容	图示	检查结果记录
顶板、侧墙	检查各紧固件有无松动情况，若有，必须紧固，并加螺纹紧固胶。内顶板表面应用清水或中性水清洗和擦拭，去除油污、汗渍等，保持外表光滑洁净	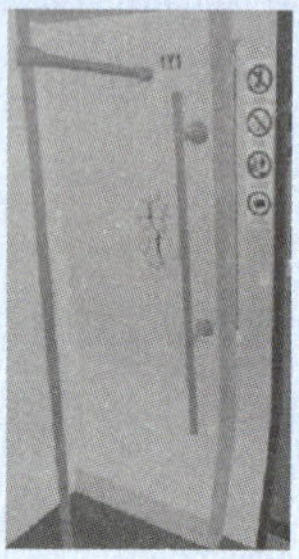	
客室座椅	日常维护时，应保持座椅面干净，无油污等。检查座椅面是否严重破坏，座椅骨架安装螺栓、座椅面安装螺栓是否松动脱落	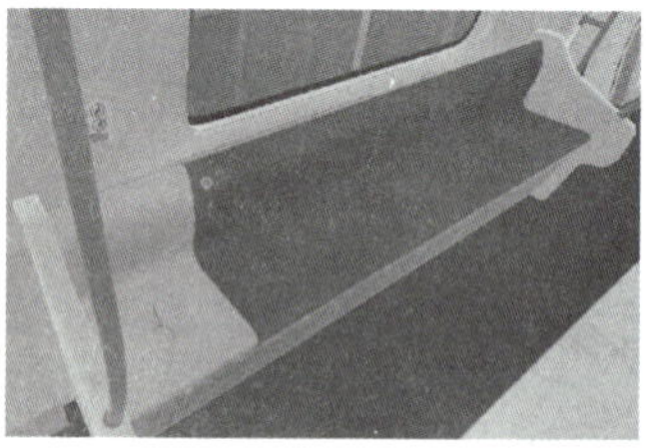	
内部辅助设施	检查残疾人座椅固定扣、标识标语贴纸、广告帖、广告框是否有损坏	 	
灭火器	日常检查、使用、取放灭火器时应轻拿轻放，不可用力过猛。检查灭火器压力表，如果压力小于工作压力下限，则需要及时更换灭火器。检查灭火器安装罩的安装螺钉，若有松动，应及时紧固	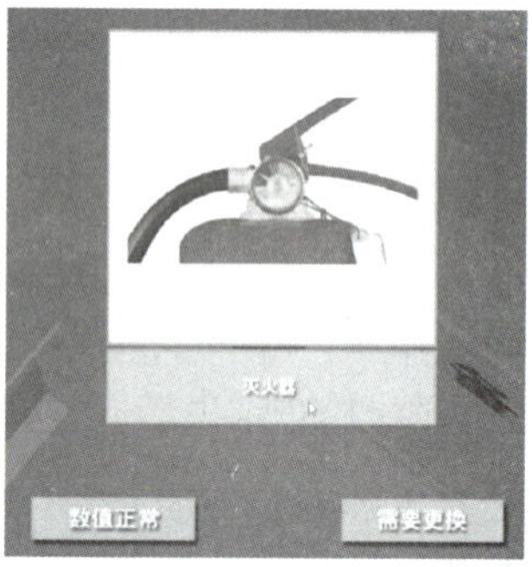	
扶手、立柱、吊环	检查扶手杆各紧固件是否松动，若有松动情况，必须紧固螺钉。检查吊环是否损坏，以及安装紧固件是否松动，若吊环损坏必须立刻更换，若有松动情况，必须紧固螺钉。扶手杆及吊环可用中性或弱酸、弱碱性的清洁剂（如肥皂水、洗衣粉水等）进行清洁		

（续）

检查项目	检查内容	图示	检查结果记录
地板	当整体感觉地板垢迹较为明显时，应对地板进行清洗作业和维护，以恢复地板原有的性能、图案、装饰性		

四、任务评价

任务评价表

项目	评价标准	评价等级		
		优	合格	不合格
专业知识测评	认知客室车窗、顶板、侧墙板表面			
	认知客室座椅及侧挡屏风、内部辅助设施、灭火器			
	认知扶手、立柱、吊环、地板			
专业能力测评	能检查车窗、门窗玻璃及其密封条			
	能检查客室顶板、侧墙板表面、空调回风口及出风口盖板，并进行清洁			
	能检查各客室座椅外观及侧挡屏风的安装状况			
	能检查残疾人座椅固定扣、标识标语贴纸、广告帖、广告框等客室辅助设施是否损坏			
	能检查灭火器安装是否牢固			
总评及建议				

任务三　司机室内部设备的维护

一、任务目标

1. 能检查前窗、刮水器及其他司机室设备的安装状况。

2. 能检查司机室遮阳帘设备状况。

3. 能检查司机室间壁门开闭状况。

4. 能检查司机室侧门的开闭状况。

5. 能检查司机室设备柜门的开闭与锁止状况。

司机室概述

二、知识准备

头车（Tc 车）前端设有司机室，司机室采用不锈钢冷拔钢管组成内部骨架，外部罩有玻璃钢罩，玻璃钢罩与内部骨架采用过渡件连接。

在每个门口上部设置有门机构安装座，用于门机构的安装，门机构安装座与侧墙上边梁和车顶小弯梁焊接在一起。

1. 司机室车窗、刮水器

驾驶台的前车窗安装有约 12mm 厚的风窗玻璃，在玻璃内预设电加热丝，在冬季可进行加热除霜，在玻璃外侧装有刮水器。司机室如图 2-19 所示。

图 2-19　司机室

2. 遮阳帘

司机室遮阳帘采用的是遮光窗帘（不透光），能有效遮挡阳光对司机眼睛的照射，保证车辆的运行安全。遮阳帘为手动或电动操作，主要由遮阳帘卷布、滑杆和安装座组成，遮阳帘滑杆和拉手材质为不锈钢，卷帘盒材质为铝合金。遮阳帘如图 2-20 所示。

3. 司机室间壁门

间壁门位于司机室间壁中央，可通向客室，向司机室内部方向打开，多采用折页铰接式。间壁门设有门锁，能在关闭位置锁定，在打开至全开位时可使用门板下方的磁吸止挡固定。司机室侧为手操作锁，客室侧为钥匙锁。在列车正常行驶时，间壁门锁闭。司机室间壁门如图 2-21 所示。

图 2-20 遮阳帘

图 2-21 司机室间壁门

（1）间壁门门体检查

1）检查间壁门门页外观及功能，要求外观完好，开、关门扇无异响、无卡滞。

2）要求间壁门止挡定位良好，位置紧固，磁吸力正常。

3）要求门体安装牢固无变形。

4）检查门铰链状态，开、关动作要求保持顺畅。清洁并润滑门铰链，要求功能良好，安装牢固。不满足使用要求的必须及时更换。

5）要求间壁门密封条状态良好。

6）对掉漆处进行喷漆，要求喷涂均匀，与客室色泽一致。

（2）间壁门门锁检查　分解门锁，检查门锁的安装、外观及功能，要求门锁安装牢固，开关作用良好，锁闭良好，解锁功能正常。对活动部件进行润滑，要求锁闭过程顺畅、无卡滞。

（3）间壁门门框检查　要求门框安装牢固，螺钉无松动。

4. 司机室侧门

（1）司机室侧门的组成　司机室侧门一般为手动塞拉门，通常由基础安装部件、顶部机构、门页及附件和锁闭装置等组成，如图 2-22 所示。门口设有扶手和脚蹬。车门开闭灵活，关闭后与车体外表面平齐，密封性能良好。司机室侧门未关闭状态下列车不能运行。

司机室两侧门均设门锁，司机室内侧为手操作锁，外侧为钥匙锁。门锁在司机室内、外均能方便地锁闭和打开，具有足够的强度，并能承受一定的冲击力。

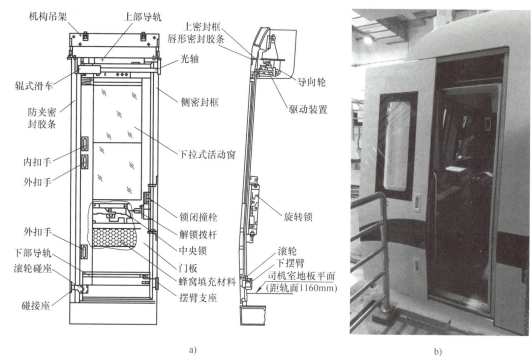

图 2-22 司机室侧门的组成

a）组成 b）外观

1）基础安装部件。基础安装部件用于门页与车体的安装过渡和密封，主要由密封装置、下摆臂组件、碰接座等组成。在门关闭时，门框密封胶条与门页密封胶条贴合，起到密封作用。下摆臂结构和功能与客室侧门一致。门框下部安装有一个碰接座，在关门动作中与安装在门页上的滚轮碰接座配合，借助关门力给门页一个横向的机械保持力，防止门向外脱开。

2）顶部机构。顶部机构主要由滑车（携门架）、机构吊架、上部导轨等组成。滑车是驱动装置中动力传递的主要部件，与门页固定，套在机构吊架的长导柱上，将重力传递给机构吊架，长、短导柱配合，为车门的塞拉运动提供自由度，同时滑车上的导向滚轮与安装在机构吊架上的上部导轨配合，实现车门的导向。机构吊架作为主要的承载部件，通过4个螺栓安装在车体上部安装支架上。

3）门页及附件。门页结构与客室侧门门页结构相同，门页附件主要包括下拉式活动窗、密封装置、下部导轨、止挡定位装置和操作装置等。

门页操作装置包括内扣手、外扣手、中央锁机构、解锁拨杆、锁闭撞栓等。中央锁机构安装在门页内部，设有一个贯通式方孔钥匙锁。当门关闭后，门内或门外均不能手动开门，但可利用方孔钥匙在门内或门外解锁。

解锁拨杆安装在门板内部，与中央锁机构相关联，可实现车门在关闭状态下的手动解锁；锁闭撞栓安装在门板后侧，可实现门的锁闭功能，这两个部件可与安装在门框上的锁闭装置相配合。

4）锁闭装置。锁闭装置主要由安装在侧门框上的旋转锁机构组成。旋转锁机构由拨叉、锁定凸轮、拉杆固定在一个安装板上。安装板的位置可调节，使旋转锁机构上的拨叉、解锁拨片与门页上的锁闭撞栓、解锁拨杆准确配合，通过拨叉和锁定凸轮的不同配合位置实现车门的开启、一级锁闭和二级锁闭。

（2）司机室侧门的工作原理　手动开门时，滑车沿长导柱运动，在下摆臂组件的作用下向外摆，同时受上部导轨的导向控制。在外摆运动中，导向滚轮的运动范围是上部导轨的弯曲段。当导向滚轮到达导轨的直线段时，外摆运动过程结束，此时门页开始沿与车体外壁平行的方向做平移运动。滑车在导柱上始终做平移运动。单扇手动塞拉门的行程：摆臂组件带动下的回转运动→滑车带动下的沿导柱的平移运动。

（3）司机室侧门检修　司机室侧门为手动操作门，在车内用旋钮开锁，用把手将门打开，在车外用保险锁钥匙打开保险，并用方孔钥匙开锁，通过门把手开关门。司机室侧门的日检主要为外观检查和功能检测，其他各级修程与客室侧门的检修工序相近。在检修过程中，若发现部件有损坏或磨耗到限，必须及时进行更换。

1）司机室侧门外观清洁及功能检查。

① 承载机构检查。检查承载机构是否存在异常损伤，紧固件防松标记有无错位，重点检查承载机构的螺钉状态。

② 门页及导向定位装置检查。检查门页外观是否损伤，紧固件防松标记有无错位。检查导向装置有无变形损伤，若为塞拉门，检查携门架外观及功能；若为气动门，检查承载轮及防跳轮外观及相应防松标记。

③ 门锁及门把手状态、开关门功能检查。转动内、外把手，操作开关门，用方孔钥匙从外部开门，检查是否存在卡滞异响或部件异常情况（窗户滑落等）。

④ 窗锁及窗框检查，更换窗锁锁舌。同时解锁两边的窗锁，打开侧窗，检查是否过松或卡滞，检查窗锁锁舌及窗框是否破损。

⑤ 清洁侧门门页、门槛及门槛间隙。用清洁剂与无纺布清洁门页；用一字螺钉旋具除去门槛与门页的接触面和门槛间隙中的脏污，保证门页表面及周边接触面干净无异物。

2）司机室侧门尺寸调整。

① 驱动机构位置调整（图 2-23）。

a. 门打开状态下，使用一条铅垂线垂在导柱外沿，测量导柱外沿至门框外沿的水平尺寸 a，以及导柱下沿至门框下沿的垂向尺寸 b。

b. 尺寸 a 应在 158mm±1mm 范围内，若不符合要求须进行调整。调整时，先清洁螺栓及周围，用棘轮扳手松开紧固螺栓1，通过增减垫片的方式进行调整。调整完毕后，重新紧固螺栓，测量尺寸满足要求后，进行防松标记。

c. 尺寸 b 应在58mm±1mm 范围内，若不符合要求须进行调整。调整时，先清洁螺栓及周围，然后用棘轮扳手松开紧固螺栓2，调整方式同上。

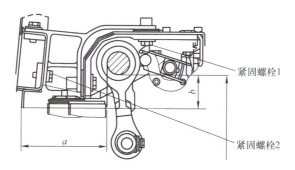

图 2-23 驱动机构位置调整

② 门页平行度调整。

a. 司机室侧门打开至全开，目视检查司机室侧门是否与车体在同一平面。

b. 若不在同一平面，须进行调整。调整时，将司机室侧门关闭，使用扳手拧松偏心轮长圆孔上的紧固螺栓，用扳手转动偏心轮调整司机室侧门门页与密封面平行，擦除原防松标记，用红色油漆笔重新标记。车门平行度调整如图 2-24 所示。

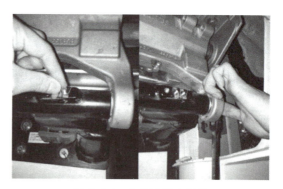

图 2-24 车门平行度调整

③ 门页 V 形调整。

a. 将门携架处于垂直位置（车门打开约 100mm），测量上部距离 X_2、下部距离 X_1，要求 $1mm \leqslant X_2-X_1 \leqslant 3mm$，如图 2-25 所示。

b. 若尺寸不符合要求，须调整。用扳手转动携门架上的偏心轮，重新测量直至符合要求。

图 2-25　门页 V 形调整

④ 车门行程开关调整与更换。车门行程开关调整与更换分别如图 2-26 和图 2-27 所示。

a. 检查行程开关外观、安装尺寸及功能，要求开、关动作灵敏。

b. 若安装尺寸不符合要求，则须进行调整。将门页置于锁闭位，用扳手松开行程开关底座的 2 个紧固螺栓，清洁螺栓、螺母。在长圆孔中移动行程开关支架使滚轮位置符合要求，用扳手临

图 2-26　车门行程开关调整

时紧固行程开关底座的 2 个螺栓。使用塞尺确认滚轮和携门架之间有 1~1.5mm 的间隙，再用扭力扳手按规定力矩固定螺栓并画防松线。

图 2-27　车门行程开关更换

c. 若行程开关功能失效，须更换行程开关。先将行程开关的插线拔下，并记下线号；将固定行程开关的卡扣轻轻拔下，将故障的行程开关取下。检查新行程开关状态是否良好，将新行程开关放在行程开关后座处，用卡扣固定，按照接线顺序重新接线，测试开、关门功能是否正常。

⑤ 压轮调整与更换。车门压轮调整如图 2-28 所示。

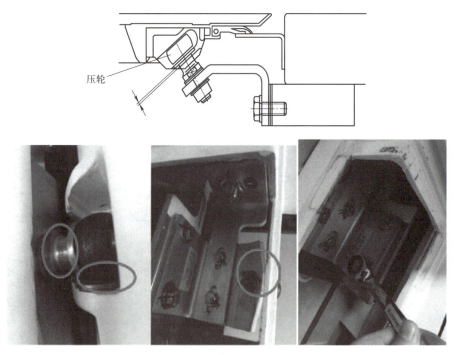

图 2-28　车门压轮调整

a. 在门关闭位置，压轮轴的台阶与门页上压轮槽的台阶之间的间隙为 1~2mm。确认压轮无抗压车门情况且无卡滞。检查压轮的定位螺栓是否调整到位，调整后须将其紧固，涂防松线。

b. 若尺寸不符合要求，须进行调整。用扳手拧松压轮后的紧固螺母并清洁，通过增减垫片调整压轮位置，保证符合尺寸要求。用扭力扳手按规定力矩固定螺母并涂防松线。

⑥ 摆臂组件调整与更换。车门滚轮摇臂调整如图 2-29 所示。

图 2-29　车门滚轮摇臂调整

a. 在门关闭位置，测量导轨与摆臂滚轮之间的最小距离为 7mm；在开门位置，滚轮会超出导轨底部边缘不足 1mm；在携门架垂直位置上，摆臂滚轮不应与导轨及导轨紧固螺栓发生干涉。

b. 若尺寸不符合要求，须调整。通过增减摆臂滚轮底部垫片调整滚轮高度，调整之后依次将销子、卡环装入，确保紧固。

⑦ 锁钩与锁栓搭接量调整。门关闭状态下，测量锁钩与锁栓搭接量。车门锁钩调整如图 2-30 所示。若为锁钩结构，则搭接量要求为锁钩超过锁栓下沿 0~1mm，调整时松开固定螺栓，将锁栓进行上下调整直至满足尺寸要求，重新紧固螺栓，清洁螺栓及其周围，重新涂防松线；若为锁栓结构，则要求锁舌搭接量为 5~8mm，可通过增减垫片调节搭接深度。

⑧ 车门门锁更换。

a. 若司机室侧门门锁出现损坏、卡滞等情况，须更换门锁。将车门打开至合适位置，使用扳手依次松开司机室侧门门锁四角的 4 个内六角头螺栓，将旧锁拆下，如图 2-31 所示。

图 2-30　车门锁钩调整

图 2-31　车门门锁更换

b. 取出新锁（区分左、右门锁），检查新锁，确保外观无异常；转动开门手柄，确保顺畅、无卡滞。

c. 将门锁螺栓孔对齐门板螺栓孔，使用扳手固定门锁。安装时，须在紧固螺栓上涂少量螺纹锁固胶。测试开关司机室侧门，确认功能正常，无卡滞、无异响。

⑨ 其他间隙检查。将司机室侧门打开，目测检查上部密封毛刷与门页间隙、下部毛刷与门槛间隙，要求间隙不大于 1mm。

3）司机室侧门润滑。

① 润滑导向装置。将润滑脂喷涂于导向装置表面，手动开关门 1~2 次，使上、下导轨及相应滑动表面覆盖均匀的油脂薄膜。

② 润滑门槛与门页的接触位置。将适量润滑脂喷涂在门页下部的防撞条上，手动开关门 1~2 次，使门槛防撞条表面覆盖均匀的油脂薄膜。

③ 润滑门密封胶条。将司机室侧门打开至合适位置，擦拭密封胶条表面，将橡胶保护剂均匀喷在橡胶条上使胶条外露面均匀覆盖保护剂。

④ 润滑门锁转动部件。用扳手将锁盒拆开，用毛刷蘸取少许油脂对门锁转动部件进行润滑，要求门锁转动顺畅无异响。润滑时，锁盒不必整个拆下，一般每 3 年润滑 1 次。

4）清理。将所有设备恢复，将所有工具、未使用完的耗材出清，垃圾清理完毕。

5. 设备柜门

车内设备柜门对柜内设备具有隔离与保护作用，同时具备一定通风散热功能。设备柜门如图 2-32 所示。

图 2-32 设备柜门

三、任务实施

对司机室车窗、刮水器、遮阳帘、司机室通道门、设备柜门等设备进行检查，并记录检查结果。

检查项目	检查内容	图　　示	检查结果记录
司机室车窗、刮水器	日常维护时，保持车窗干净，无油污等。检查风窗玻璃的状态和除霜功能是否正常，检查刮水器功能是否正常，定期更换刮水器橡胶刮水板		
司机室遮阳帘	日常使用应保持遮阳帘的清洁，保证导向机构能够正常工作		

（续）

检查项目	检查内容	图　　示	检查结果记录
间壁门	要求外观完好，开、关门扇无异响、无卡滞	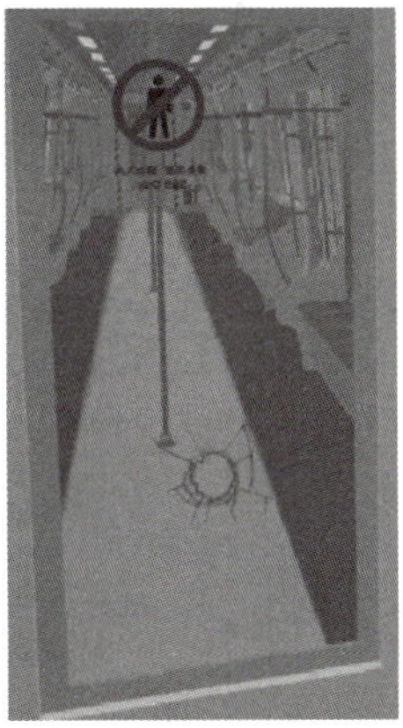	
司机室侧门	外观无破损，能正常开、关门		
设备柜门	保证车内设备柜门能正常开、闭。能用钥匙正常开、关柜门	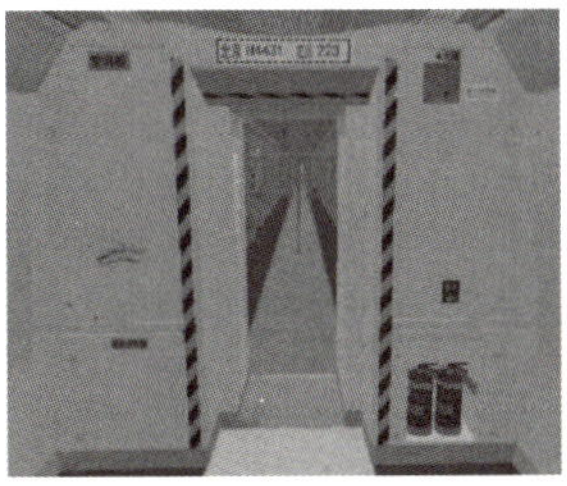	

四、任务评价

任务评价表

项目	评价标准	评价等级		
		优	合格	不合格
专业知识测评	认知司机室车窗、刮水器			
	认知遮阳帘			
	认知司机室间壁门、侧门			
	认知设备柜门			
专业能力测评	能检查前窗、刮水器及其他司机室设备的安装状况			
	能检查司机室遮阳帘设备状况			
	能检查司机室间壁门开闭状况			
	能检查司机室侧门的开闭状况			
	能检查司机室设备柜门的开闭与锁止状况			
总评及建议				

Project 3

项目三
城市轨道交通车辆车门及门控设备的维护与调试

项目描述

车门是城市轨道交通车辆车体的一个重要组成部分，它对车体强度及车辆整体形象影响很大，且与运营安全有直接关系。城市轨道交通车辆一般采用集中电气自动控制的风动拉门或电气驱动的车门。城市轨道交通车辆车门主要包括客室门和司机室门。出于保障乘客安全的考虑，有的城市轨道交通车辆会在列车两端司机室的前端设有紧急疏散门及安全疏散斜梯或坡道。城市轨道交通车辆车门是使用最频繁的一个构件，车门故障也是城市轨道交通车辆在运行中发生最多的故障。本项目将介绍城市轨道交通车辆车门的维护。

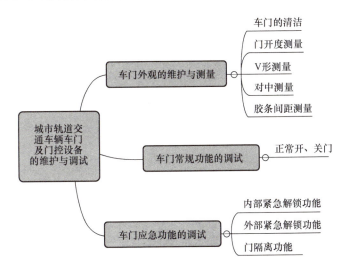

城市轨道交通车辆车门

任务一　车门外观的维护与测量

一、任务目标

1. 能检查车门挡销及门槛机构，清洁门槛内粉尘、杂物。
2. 能清洁与检查车门护指橡胶及四周密封胶条。
3. 能进行门开度测量、V形测量、对中测量、胶条间距测量等。

二、知识准备

城市轨道交通车辆具有运载客流量大、停站时间短、乘客上下车频繁等特点，为了有效利用列车停站时间，方便乘客上下车，客室车门（图3-1）的设计和布置一般考虑以下几个因素：

1）客室车门均匀布置，保证站台乘客上、下车方便、迅速，使客室车厢乘客分布均匀。

2）具备足够数量的车门。

图3-1　客室车门

3）在保证车体强度的前提下，保证车门具备足够有效的宽度。

4）车门附近有足够空间，以缓和上、下车时的拥挤，缩短上、下车时间。

5）车辆行驶过程中确保乘客安全，车辆进站停靠后确保乘客上、下车安全。

6）车门数量应与车门承担的地板面积相匹配，使车厢乘员尽可能多，车门位置应该在其承担面积的中央。

1. 车门系统的分类

车门根据功能不同可分为客室车门、司机室车门、间壁门及紧急逃生门。客室车门位于客室两侧，每侧四至五组，为对开式；司机室车门分别位于列车两端司机室的两侧，通常需手动开、关门；间壁门位于司机室与客室之间，向司机室内部方向打开，多采用折页铰接式，司机室侧为手操作锁，客室侧为钥匙锁（在列车正常行驶时，间壁门锁闭，不允许乘客进入司机室内）；紧急逃生门位于司机室端部（一般A型车设置在司机室中间，B型车设置在司机室偏左侧），在列车遇到紧急情况时，可打开紧急逃生门，通过疏散梯疏散乘客。

车门根据动力来源不同可分为电动式车门和气动式车门。电动式车门与气动式车门相比，具有结构简单、易于控制、故障率低、维修方便等特点。现多采用电动式车门。

车门根据结构形式不同可分为内藏式滑动移门（简称"内藏门"）、外挂式滑动移门及塞拉门。

内藏式滑动移门（图3-2）开、关门时，门页在车辆侧墙的外墙与内护板之间的夹层内移动，传动机构设于车厢内侧车门顶部，装有导轨的门页可在导轨上移动并与传动装置的钢丝绳或传动带相连接，借助风缸或电动机驱动传动机构，使钢丝绳或传动带带动门页动作。此门部件少，可靠性高，重量比塞拉门轻，关门受阻可能性较小，如果门槛中有碎片或异物，开门时可能会受阻。内藏门门页在一定程度上减小了车厢宽度，也就减小了载客量。

图3-2 内藏式滑动移门

外挂式滑动移门（图3-3）的驱动机构和工作原理与内藏式滑动移门相同。外挂式滑动移门开、关门时，门页均位于车辆侧墙外侧，为满足车辆限界，车体宽度有所减小，而车门间的有效空间最大。外挂式滑动移门的结构较简单，但由于门机构位于车体外部，密封性能相对较差。该车门为悬吊式结构，下部悬空无支承，当列车在隧道中运行时，随着列车速度提高，空气阻力增大，会对门页产生较大压力，因此对车门的结构和强度有较高要求。考虑到安全性和可靠性，外挂式滑动移门一般适用于速度低于100km/h的列车。

塞拉门（图3-4）借助于车门上端的传动机构和导柱、导轨，以及位于车门上的下导轨实现塞拉运动。该车门开启状态时，门页贴靠在侧墙的外侧；车门关闭状态时，门页外表面与车体外墙成一平面，不影响车辆限界。该车门具备良好的气密性和隔声性能；车门部件多，造

图3-3 外挂式滑动移门

图3-4 塞拉门

价较高，维修工作量大；结构运动较复杂，开、关门时间较滑动移门长。在大客流情况下，乘客的拥堵可能导致车门关闭方向受阻。同时在关门过程中，由于内部过压，最后一个门关闭时受到的压力较大。

2. 客室电动塞拉门

客室电动塞拉门的组成如图 3-5 所示，它主要由安装架、车门承载驱动机构、门页、摆臂组件、嵌块、外操作装置、外操作钢丝绳组件、隔离开关组件、内操作装置、内操作钢丝绳组件等部件组成。它们集中分布在每个车门的门口区域，便于维修。

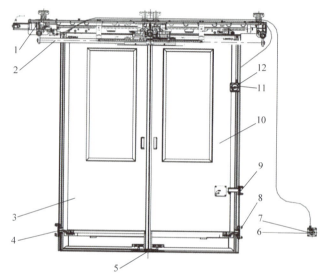

图 3-5 客室电动塞拉门的组成

1—安装架 2—车门承载驱动机构 3—左门页 4—摆臂组件（左）5—嵌块 6—外操作装置 7—外操作钢丝绳组件 8—摆臂组件（右）9—隔离开关组件 10—右门页 11—内操作装置 12—内操作钢丝绳组件

（1）客室电动塞拉门的组成

1）车门控制系统。车门控制系统对车门进行动作控制、状态检测及故障诊断，包括电子门控器（EDCU）、门关到位行程开关 S1、门隔离行程开关 S2、门解锁行程开关 S3、门锁到位行程开关 S4 等。电子门控器安装在可视车门左侧（从内向外看）相邻的第一个侧顶板内，每辆车的 4 个行程开关中，除门隔离行程开关 S2 安装在右侧门框立柱隔离开关组件盒中，其余 3 个行程开关均安装在驱动承载机构上。

电子门控器（图 3-6）中包含 1 个电源、1 个微处理器、1 组输入输出接口、1 个用于切断电动机供电电路的继电器和 1 个门电动机驱动装置。它可根据"零速列车线""开／关门列车线"等列车控制信号和门驱动机构上 4 个行程开关发出的信号对车门的开启和关闭进行控制，且能够发现在门系统中出现的待查明的特定故障。出现的故障信息会被存储起来，通过诊断软件读取，作为故障分析的依据。

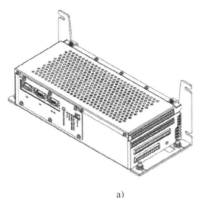 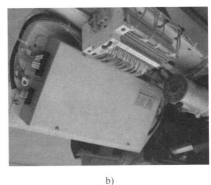

a)　　　　　　　　　　　　　b)

图 3-6　电子门控器

2）接口及密封装置。接口部件包括安装架、上压条、左右侧压条和嵌块、门槛等部件，用以保证车门系统的安装可靠性和密闭性。

安装架用于驱动承载机构与车体之间的连接，起到承载固定作用，如图 3-7 所示。

门槛位于门框底部，压条（图 3-8）位于客室车门框上，有上压条和左、右侧压条，在车门关闭的情况下，压条可与门扇周边的密封胶条配合，保证车门的防水密封性和隔声性能。门槛上安装有嵌块，嵌块与门扇上的挡销相配合，可满足车门处于关闭状态时的挠度要求，起到定位作用。门槛与嵌块如图 3-9 所示。

图 3-7　安装架

 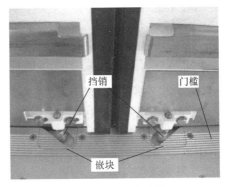

图 3-8　压条　　　　　　　图 3-9　门槛与嵌块

3）承载驱动机构。承载驱动机构由车门驱动系统，长、短导柱，携门架和锁闭装置等组成，是车门系统的核心部分。

① 车门驱动系统（图 3-10）。它由门驱电动机、联轴器、丝杆螺母组成系统或齿带传动系统组成。门驱电动机通常为直流无刷电动机，受电子门控单元控制。联轴器连接门驱电动机与丝杆，传递转矩。丝杆螺母组成系统通过 3 个支撑部件安装在基架上，门驱电动机带动丝杆

转动，使上门页实现开、关门动作。丝杆是大螺距的不锈钢丝杆，一半为右旋螺纹，一半为左旋螺纹；螺母组成由轴套、销轴等零件组成，与丝杆装配形成螺纹副。丝杆如图3-11所示。若传动机构为齿带传动系统，则由电动机控制齿带，车门分别安装于齿带两侧的齿带夹板上，随着齿带的传动实现开关门。齿带传动系统如图3-12所示。

图3-10 车门驱动系统

1—门驱电动机 2—减速机构 3—连接装置 4—锁闭装置 5—丝杆 6—螺纹副 7—传动架

图3-11 丝杆

图3-12 齿带传动系统

② 长、短导柱。长、短导柱为车门实现塞拉运动提供了自由度，保证车门在开关过程中门页与车体平行。3个短导柱安装在基架上，垂直于车门平面，承受门板重量，并为车门提供横向自由度。每根短导柱上套有一个挂架，挂架可在短导柱上移动，长导柱安装在3个挂架上，为车门的纵向运动提供自由度。

③ 携门架。携门架是连接车门与传动机构的部件。携门架通过滚珠直线轴承可在长导柱上滑动，通过螺钉与门页连接，实现传动机构与门页之间力的传递，将车门的重量和力传递给长导柱。携门架上部设有一个滚轮，可在上导轨中运动，实现车门的塞拉运动的导向，如图3-13所示。在携门架与门板的连接处有一个偏心调节装置，用于对门页进行V形调整；在携门架内部有一个偏心调节装置，用于调节门页与车体之间的平行度。

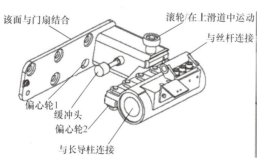

a)

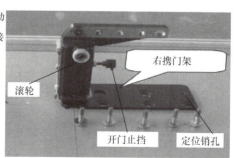

b)

图3-13 携门架

④ 锁闭装置。根据变升角螺纹传动原理开发的 LS 锁闭装置结构简单可靠,当电动机使丝杆正、反方向双向转动时,螺母锁闭装置与门产生与丝杆轴线相平行的同步移动,可实现无"锁"锁闭和无源自解锁。变升角丝杆的螺纹槽分为 3 段,一段是螺纹升角大于摩擦角的工作段,一段是螺纹升角小于摩擦角的自锁段,一段为介于以上两者之间的过渡段。在车门关闭过程中,螺纹副经过过渡段,丝杆的螺纹升角由工作段过渡到自锁段,丝杆将螺母锁闭装置锁紧,实现无"锁"锁闭;在车门打开过程中,电动机使丝杆沿与关门方向相反的方向转动,使螺母锁闭装置退出丝杆锁闭段,实现无源自解锁。变升角丝杆与螺母锁闭装置如图 3-14 所示。

4)门页及定位装置。门页为铝蜂窝复合结构,具有铝框架和内、外铝蒙板,芯部为蜂窝结构。为加强机械强度,蒙板的周边包在铝框架上。门页上设有窗,窗页四周要求密封。门页外部周边装有密封胶条,前沿装有特殊的中空胶条,起到防夹作用。门内侧下部有下滑道,用于实现门的导向,前沿底部装有挡销,与门槛上的嵌块相配合。

定位装置包括上导轨-滚轮、下导轨-下摆臂、平衡轮等。上导轨(图 3-15)位于车门基架上,与携门架上的滚轮相配合;下导轨位于门扇下部,与位于门框下端的下摆臂组件相配合,实现车门开关塞拉运动的导向。平衡压轮位于左、右两侧门框中上部,在车门关闭状态下,与门页后部的凹槽相配合,防止任何可能的侧向移动力使车门偏移,减少门页在上下方向上的振动,提高车门可靠性。

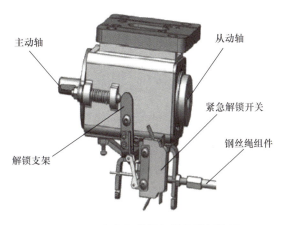

图 3-14 变升角丝杆与螺母锁闭装置

图 3-15 上导轨

(2)客室电动塞拉门的检修 客室电动塞拉门日检主要为外观检查和带电功能检测,月检和年检包含有车门外观检查及清洁、车门部件功能检查及尺寸测量、车门尺寸调整、客室车门有电作业和车门部件的润滑。具体检修内容如下。

1)安全注意事项、所需工具及物料和作业前准备。

安全注意事项:

① 在车门的整个安装调试过程中,必须切断电源,只有在最终检查完毕后才可接通电源。不要在门运动时进行零件的调试,防止被挤压。

② 工作环境必须清洁、安全。

③ 为避免车体变形,建议在整个安装过程中将车体放在标准的水平轨道上,或将车体水平放置在支架上,制动处于"ON"位置。

④ 打开门罩板时谨防磕伤;注意车门与平台之间的间隙,谨防踏空受伤。

⑤ 调试结束后,主要部件上的所有紧固件(机构、压轮、下滚轮摆、内外紧急操作装置等)都必须用额定转矩旋紧,并打上螺纹锁固胶,用标记油漆进行标记(用于识别螺纹紧固性)。

⑥ 携门夹的安装螺钉不要使用螺纹锁固胶。

⑦ 安装操作必须由有资质的机械专业人员和电气专业人员谨慎进行,相关人员需熟知门机构组成和操作,特别是手册提供的技术信息。

⑧ 对门进行调试时,须使用DC110V(77~121V)供电装置。

⑨ 安装或搬运过程中,严禁用手直接接触机构导柱表面,以免导柱生锈。一旦直接接触,应及时在导柱表面上涂防锈油。

所需工具及物料:

方孔钥匙、钢卷尺、两用扳手、十字螺钉旋具、棘轮扳手、内六角扳手、扭力扳手、锉刀、防夹挡块(25mm×60mm)、螺栓(MS、M6、M8、M10等规格)、无纺布、手套、清洁剂、记号笔等。

作业前准备:

① 劳保用品穿戴整齐。

② 工器具准备齐全。

③ 确认列车挂好禁动牌、红闪灯。

注意:维护检修过程中,左右之分是根据观察者站在车厢内部面向门的方向而界定的。

2)车门外观检查及清洁。

① 使用方孔钥匙打开车门顶板,用抹布蘸取适量清水擦拭侧顶板内部积尘较多的位置。检查顶板开关是否存在卡滞,要求转动灵活无异响,紧固件防松标记清晰无错位。

② 检查动态地图外观是否有损伤、线缆固定情况、紧固件防松标记是否完好。

③ 检查车门指示灯外观有无损伤、松动,检查线缆固定情况。

④ 检查车门承载机构外观是否有损伤、安装紧固件防松标记是否清晰无错位。

⑤ 检查断合门控器电源开关功能,要求开关档位清晰、操作无卡滞。检查门控器及端子

排外观是否有损伤、安装紧固件防松标记是否完好，手动检查电缆及插头连接是否牢固。

⑥ 检查蜂鸣器外观是否有损伤、线缆固定情况、安装紧固件防松标记是否完好。

⑦ 检查丝杆安装座及行程开关S3外观是否有损伤、线缆固定情况、安装紧固件防松标记是否完好。车门打开到合适位置，用手触摸丝杆锁闭端，检查丝杆是否存在毛刺，若有毛刺则用锉刀修锉去除。年检时，需用抹布将丝杆上的脏油擦拭干净，便于在后续工序中，对车门部件进行润滑。

⑧ 检查行程开关S1、S4组件及撞块的外观是否有损伤、安装是否紧固、回位弹簧功能是否正常、线缆插头是否存在松动、安装紧固件防松标记是否完好。拨动行程开关S1、S4组件的滚轮并释放，要求滚轮无卡滞或异常磨损、无虚接、弹簧无过紧或过松现象。若出现问题，应及时进行更换。

⑨ 检查驱动电机外观是否有损伤，检查线缆固定情况、安装紧固件防松标记是否完好。

⑩ 检查螺纹副及传动机构外观、插销片（挡卡）、紧固件防松标记是否完好。

⑪ 检查上滑道外观是否有损伤、两端的安装紧固件防松标记是否完好。

⑫ 检查挂架外观是否有损伤、下部的安装紧固件是否松动。检查两侧挂架与长导柱的安装是否牢固。

⑬ 擦拭长、短导柱表面；检查长、短导柱表面是否存在锈蚀。

⑭ 使用无纺布擦拭携门架直线轴承表面，去除两端油脂，要求表面无异物、两端无油脂；检查两端卡簧安装是否牢固，检查注油塞安装是否牢固。

⑮ 检查携门架外观是否有损伤、与门页的安装紧固件状态；检查接地线及其紧固件；检查上滑道滚轮外观及转动状态，要求无磨损且转动灵活；检查橡胶止挡外观及紧固件状态。要求携门架整体功能完好，各紧固件防松标记无错位。

⑯ 检查坦克链，要求无破损、动作灵活无卡滞。

⑰ 检查并清洁门页、玻璃及门页四周胶条，要求门页外观整洁无油污、无损伤，玻璃无破损；门页四周胶条无损坏、脱落，门页与车体之间密封到位。

⑱ 将门打开至全开位，清洁并检查压轮外观是否有损伤、转动是否灵活、安装紧固件防松标记是否完好；清洁并检查下摆臂组件外观是否有损伤、滚轮转动是否灵活、是否存在松动。

⑲ 将车门开到合适位置，清洁并检查嵌块表面是否有异常损伤、安装是否牢固。

⑳ 将车门关闭，用手轻拉下滑道，检查下滑道是否松动并用抹布清洁。检查门页是否存在明显污渍或异常损伤。若存在明显污渍，则用清洁剂与无纺布清洁门页。

3）车门部件功能检查及尺寸测量。

① 手动检查开关门功能。操作紧急解锁装置，将车门打开至全开位置。尝试手动开、关门，检查开、关门过程中车门是否出现卡滞或异响。观察左、右门页入弯同步情况。在车门关闭时，从车外检查门页两侧车体上是否有干涉痕迹。检查紧急解锁钢丝绳和套管、夹头情况，应正常、无损坏。若更换，要求钢丝绳每个拐角处的半径满足 $R \geqslant 200mm$。

② 压轮状态检查。将车门打开到合适位置，检查压轮台阶与压轮槽台阶间距是否达到 1~3mm。用手触摸尝试转动压轮，要求门打开后压轮转动灵活，门关闭时压轮较难转动。

③ 挡销状态检查。手动关门，检查挡销在进入嵌块导向槽时是否存在干涉。将车门关闭，目测检查挡销与嵌块导向槽周边间隙。要求挡销与导向槽底部间隙为 2~3mm，侧面间隙为 0.5~1mm。

④ 下摆臂滚轮高度检查。将车门打开至全开位。检查下摆臂上表面与下滑道下表面之间的间距，要求该距离大于等于 5mm，同时滚轮下表面应高于滑道下表面。

⑤ 对中测量。将车门打开至滑道刚进弯道处。将卷尺放置在左门携门架下方贴合门页表面位置，一端顶住左侧门密封框，读数位置为护指胶条与门页表面搭边处。按照上述步骤测量右门同位尺寸。要求左、右门尺寸差的绝对值不大于 2mm。

⑥ V 形测量。将车门打开至滑道刚进弯道处，将卷尺放置在两个门的携门架下方贴合门页表面位置，读取护指胶条与门页表面搭边处（起点为左门位置，终点为右门位置）尺寸，该尺寸为上部尺寸；将卷尺放置在两个门的下滑道上方贴合门页表面位置，读取同位数值，该尺寸为下部尺寸。要求上、下部尺寸差为 2~5mm。

⑦ 门页摆出尺寸测量。上部摆出尺寸测量：将车门打开至全开位置，在左门距离护指胶条 10mm 处用游标卡尺测量门密封框到门页的距离并读数，同理测量右门同位尺寸，要求尺寸在 56mm±2mm 范围内，左、右门页摆出尺寸值相差不得超过 2mm。

下部摆出尺寸测量：将车门打开至全开位置，在左门距离护指胶条 10mm 处用卷尺测量外门槛外侧到门页外表面的距离并读数，同理测量右门同位尺寸，要求尺寸在 56mm±2mm 范围内，左、右门摆出尺寸值相差不得超过 2mm。

⑧ 平行度测量。将车门打开至滑道刚进弯道处。在左门距离护指胶条 10mm 左右处用游标卡尺测门密封框到门页的距离并读数，定义为尺寸 X_1，同理可测量右门同位尺寸。

将车门打开至滑道刚进弯道处。在左门玻璃左边沿处用游标卡尺测量门密封框到门页间的距离并读数，定义为尺寸 X_2，同理可测量右门同位尺寸。单门页的平行度尺寸要求为 $X_2 - X_1 \leqslant 2mm$。

⑨ 车门净开度测量。将车门打开至全开位置，用卷尺测量两个护指胶条的最小间距，当螺纹副与丝杆安装座无干涉时，该尺寸标准为 1300~1305mm（该尺寸的确定应结合实际选型）。

⑩ 车门胶条挤压宽度测量。将车门关闭,在携门架下方 50mm 处,用游标卡尺测量两侧门页护指胶条边沿并读数,要求该尺寸标准范围为 44.5~46mm。

⑪ 门表面与门框间距测量。将车门关闭,用游标卡尺测量左门密封框到门页的距离并读数,同理可测量右门同位尺寸,要求门外表面与门框密封间距在 17mm±3mm 范围内。

4)车门尺寸调整。

① 上部摆出尺寸调整。调整时,须确保门页在运动过程中车体与携门架之间无碰撞。将门页移动到开门位置确保滚轮不位于上滑道的弯曲部位。

松开上滑道后沿的紧固螺母,沿上滑道后部腰形孔调整,可测量携门架上方门页外表面与车体外表面的距离,使门页上部摆出尺寸在 56mm±2mm 范围内。

在调整过程中,左、右门页的上部摆出距离的差值不得超过 2mm。调整完毕后,使用扭力扳手按规定值(44N·m)紧固上滑道后沿的紧固螺母(听到扭力扳手"咔嗒"声后停止操作)。擦除原防松标记,用红色油漆笔重新标记。

松开上滑道前部紧固螺母,将门页拉至滑道的直轨端部,此时左、右携门架上的上滚轮还在滑道直轨部分,尚未进入弯轨。

调整上滑道前部腰形孔,测量携门架上方门页外表面与车体外表面的距离,使门页上部摆出尺寸在 56mm±2mm 范围内,保证左、右上滑道的直线部分在同一直线上,左、右携门架上的上滚轮与上滑道的同一侧(内侧、外侧)接触,确保门系统的运动平滑。

上滑道前部调整完成后,使用扭力扳手按规定值(44N·m)紧固上滑道的前沿紧固螺母。擦除原防松标记,用红色油漆笔重新标记。

② 下部摆出尺寸调整。若下摆臂组件安装座为带有延长孔的形式,可通过延长孔调节下部摆出尺寸,使门页摆出额定值达到 56mm±2mm。调整完成后,使用扭力扳手按规定值紧固螺母。擦除原防松标记,用红色油漆笔重新标记。

若下摆臂组件安装座延长孔安装位置调整后仍无法保证摆出尺寸,可通过增减垫片调整下部摆出尺寸。可先使用扳手松开下摆臂紧固螺栓,松至垫片可取出即可。调整完成后,使用扭力扳手按规定值(21N·m)紧固下摆臂紧固螺母。擦除原防松标记,用红色油漆笔重新标记。

③ 门页平行度调整。车门部件在出厂时,两个携门架安装面都已被调整为与导柱平行,门页与携门架安装面连接后,门页处于恰当位置。若在定期检查中发现不平行,则要进行如下调整:

a. 将车门打开至滑道刚入弯处,松开携门架和滑筒组件的连接处偏心轮螺钉。

b. 使用扳手轻微松开携门架上其余 4 个螺钉。

c. 旋转偏心轮，使门板外侧与密封面平行。

d. 调整完毕后，先顺时针拧紧偏心轮上的紧固螺钉，再预紧其他 4 个紧固螺钉。注意在拧紧螺钉时，确保偏心轮不能转动。

④ 门页 V 形调整。

a. 将门页置于上滑道直道位置，调整门页 V 形，要求左、右门页上部尺寸比下部尺寸大 2~5mm。

b. 松开两个下滑道，保证门页没有被滚轮摆臂组件夹持。

c. 旋松偏心轮螺钉和携门架上其余 4 个普通螺钉。

d. 转动每个携门架连接板上的偏心轮进行调试。

e. 调试完毕后，使用扭力扳手按规定值（44N·m）依次紧固普通螺钉及偏心轮螺钉。

f. 擦除原防松标记，用红色油漆笔重新标记。

⑤ 门页密封的调节。下滑道调整：松开两个下滑道的螺钉，手动将门页置于关闭位置，使用 C 形卡钳把左、右门页的下部铝型材夹在一起，两根护指胶条左、右边间距为（4.3±4）mm。将门板向内部压至门板外表面与车体外表面平齐，调整下滑道位置，使用紧固螺钉紧固。

上滑道微调：微调左、右门上滑道前、后部腰形孔，应保证门页上部摆出距离，确保左、右两根上滑道直线部分在一条直线上；开、关门过程中，无论直轨或弯轨，左、右携门架的上滚轮应同时与滑道的同一侧（内侧、外侧）接触，门系统运动平滑，无卡滞现象。最后，使用 44N·m 力矩紧固上滑道的前、后紧固螺母。

护指胶条的调整：由于制造过程中存在尺寸误差和收缩变形，使门在关闭后，左、右护指胶条的制造误差叠加，产生了高低差 δ。在安装调试门时，建议保证只能右门外表面凸出左门外表面 0~1mm，这样可以改善胶条不平情况。调整后，最终护指胶条高低差 δ 必须满足 $\delta \leq 2mm$，且保证通过淋雨试验。若车辆使用几年后发现门页护指胶条老化，门页关闭后下雨进水，须更换新的护指胶条，调整方法同上。

⑥ 车门对中调整。

a. 使用方孔钥匙打开车门顶板，将车门打开至滑道刚入弯处。

b. 根据测量结果选择先拧动螺纹副一侧的防松螺母。若要将门页左移，则先逆时针拧动右侧螺母，然后顺时针方向拧动左侧螺母将门页左移。

c. 手动将螺纹副右侧螺母顺时针预紧，然后使用两把扳手拧紧两侧螺母，拧紧时左侧扳手不动。

d. 擦除原防松标记，用红色油漆笔重新标记。

e. 若要将门页右移，则按照上述顺序左右互换操作。

⑦ 压轮调整。在门关闭位置，通过旋转偏心轮实现压轮的调整。

a. 松开偏心轮紧固螺钉。

b. 旋转偏心轮，待压轮与门板加强点接触后微调（不大于0.5mm，以保证它们完全接触）。压轮深度与门板加强点外沿之间的距离为1~2mm，压轮和门板之间距离应不小于3mm，可通过增加或减少垫片进行调整。

c. 按规定力矩拧紧紧固螺钉，擦除原防松标记，用红色油漆笔重新标记。

d. 手动开、关门检查压轮状态，要求门打开后压轮转动灵活，门关闭后压轮不能转动。

⑧ 下挡销调整。

a. 将车门关闭，用扳手逆时针方向拧松下挡销固定螺栓，用于下挡销水平调整。

b. 用扳手逆时针方向拧松下挡销，用于下挡销垂直调整。

c. 调整下挡销位置，要求门开、关过程中，下挡销与嵌块无磕碰，下挡销末端与嵌块底面间隙为2~3mm，下挡销和底块与侧面间隙为1~2mm。要求开关门状态良好，门槛挡销槽无油污。

d. 调节完成后，按相反顺序紧固下挡销紧固件，此处不用螺纹锁固胶紧固。

e. 擦除原防松标记，用红色油漆笔重新标记。

⑨ 车门净开度调整。

a. 将两个门页完全开到位，测量两门页之间的净开度。若净开度不满足要求，须调整缓冲头（橡胶止挡）。

b. 松开缓冲头上的螺母，用手拧动缓冲头（顺时针拧动为减小门开度，逆时针拧动为增大门开度），尺寸标准范围为1300~1305mm。

c. 紧固缓冲头螺母，擦除原防松标记，用红色油漆笔重新标记。

⑩ 门关到位行程开关位置调整。当车门处于关闭位置时，切断电源，门关到位行程开关处于松开状态，测量门处于关闭位置时左、右携门架组件中直线轴承套筒间的距离 X_1；手动开门，再手动慢慢使门页位于关闭位置。门关到位行程开关应在尺寸 X_2 时动作；$X_2 - X_1$ 的值应为4~7mm。若不能满足上述要求，须调整门关到位行程开关组件安装板的位置（在门关闭后，手动门关到位行程开关可以移动）。

手动将门页打开，将门关到位行程开关用力扳到最大行程位置，检查其是否能平滑地复位、是否有卡滞现象，如果出现卡滞，则要更换门关到位行程开关。

5）车门部件的润滑。

① 上滑道润滑。将车门打开至全开位置，用毛刷或手套将适量润滑脂均匀涂于左、右上滑道弯道的两侧内表面，形成均匀的润滑脂薄膜。

② 丝杆及丝杆中间支架润滑。将车门打开至全开位置，用毛刷或手套将适量润滑脂均匀涂于支架及丝杆表面，手动开、关门2~3次，使润滑脂均匀涂抹到丝杆工作表面，将多余润滑脂回收。

③ 长、短导柱润滑。将车门打开至全开位置，用毛刷蘸取适量润滑脂，将润滑脂均匀涂于长导柱表面，手开、关门1~2次，使导柱表面形成均匀润滑脂膜，将多余润滑脂回收。用同样方法润滑短导柱。

④ 压轮及下摆臂滚轮润滑。将车门打开至全开位置，用毛刷或手套将润滑脂均匀涂于左、右压轮表面及转轴位置，保证压轮表面形成均匀的润滑脂薄膜，中间转轴位置允许存在小块状润滑脂。用同样方法润滑左、右下摆臂滚轮表面及转轴。

⑤ 下滑道滑润。将车门关闭，用手套将润滑脂均匀涂于左、右门页下滑道内表面，使下滑道内表面形成均匀的润滑脂薄膜，下滑道外表面不需润滑。

⑥ 直线轴承注油。将注油枪头卡到直线轴承的注油塞上，操作注油枪，从注油孔进行注油。单个直线轴承注油量为15~20g，直到直线轴承新油溢出，则停止注油。

⑦ 密封胶条润滑。将门打开至合适位置，用无纺布擦拭胶条表面，将橡胶保护剂均匀喷在橡胶条上。

6）客室车门带电作业

① 开、关门功能检查。在司机室中操作开、关门按钮，检查车门开、关情况，观察显示屏显示车门状态。

检查每扇车门在开闭时，车门灯及蜂鸣器的状态，要求开门时蜂鸣器报警、黄色指示灯闪烁，门开启到位后黄色指示灯常亮，车门关闭后黄色指示灯灭。

② 紧急解锁功能检查。检查工作需两人共同完成：一人在客室转动紧急解锁手柄，尝试打开车门，检查车门内部解锁功能及指示灯状态，要求车门可打开，且黄色指示灯常亮，蜂鸣器发出报警声；一人在司机室通过显示屏观察当前的车门状态是否为紧急解锁状态。

③ 内部门隔离功能检查。检查工作需两人共同完成：一人在客室操作门隔离开关，将开关打到隔离位，检查车门隔离功能及指示灯状态，要求内部红色指示灯常亮、黄色指示灯灭；一人在司机室通过显示屏观察当前的车门状态，确认车门被隔离后能利用广播向客室人员确认车门状态；客室的人员在得到司机室人员确认后，将开关打到恢复位。

④ 外部解锁功能检查。检查工作需两人共同完成：一人在车外操作外部解锁，检查车门

外部解锁功能及指示灯状态，要求车门可以被打开，此时黄色指示灯常亮、蜂鸣器发出警告声；一人在司机室通过显示屏观察当前车门的状态是否为紧急解锁状态。

⑤ 车门防夹功能测试。一人在司机室操作开门按钮，将两侧车门全部打开，在进行广播后，操作一侧关门按钮将一侧车门关闭，在客室的人员进行防夹功能测试时，观察显示屏上是否显示车门防夹图标；通过司机控制台的视频监控观察客室的实际操作情况，对关门情进行再次确认，在确认此侧车门全部关好后关闭另一侧车门，重复以上测试。

在客室的人员（可为一组人）在车门开始关闭时，使用 25mm×60mm 防夹挡块测试正在关闭的车门防夹功能，按顺序测试车门上部、中部、下部 3 个位置。要求车门防夹功能正常，车门在第 3 次关闭受阻时全开。

⑥ 维护按钮功能测试。将司机室任意一端 ATP 切除开关置于隔离位，将门隔离开关打到隔离位，10~30s 后恢复门隔离开关。操作车门维护按钮两次，检查 EDCU 上的维护按钮功能。激活维护按钮时，车门打开到全开，再次操作维护按钮，则车门执行关门命令。

⑦ 清理。将所有设备恢复，将所有工具、未使用完的耗材出清，垃圾清理完毕。

三、任务实施

对车门外观进行检查与测量，并记录检查结果。

检查项目	检查内容	图　示	检查结果记录
门挡销、门槛机构	检查车门挡销及门槛机构，清洁门槛内粉尘杂物	![导向槽、抽芯铆钉、下档销]	
护指橡胶的检查	清洁与检查车门护指橡胶及四周密封胶条	![周边密封胶条、护指胶条]	

(续)

检查项目	检查内容	图　　示	检查结果记录
车门净开度测量	将车门打开至全开位置，用卷尺测量两个护指胶条的最小间距，当螺纹副与丝杆安装座无干涉时，该尺寸标准为1300~1305mm（该尺寸的确定应结合实际选型）		
V形测量	将车门打开至滑道刚进弯道处，将卷尺放置在两个门的携门架下方贴合门页表面位置，读取护指胶条与门页表面搭边处（起点为左门位置，终点为右门位置）尺寸，该尺寸为上部尺寸；将卷尺放置在两个门的下滑道上方贴合门页表面位置，读取同位数值，该尺寸为下部尺寸。要求上、下部尺寸差为2~5mm	 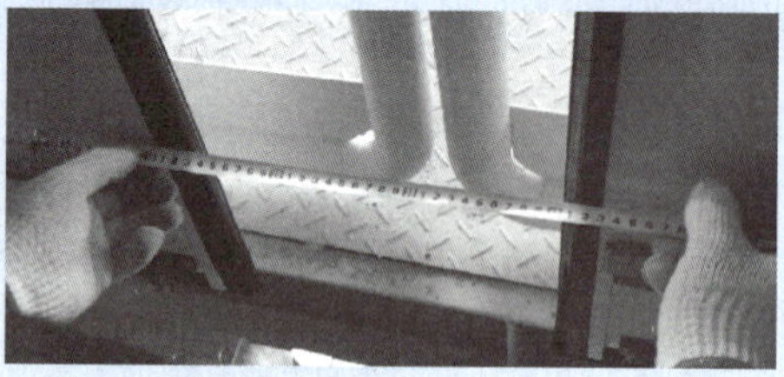	
对中测量	将车门打开至滑道刚进弯道处，将卷尺放置在左门携门架下方贴合门页表面位置，一端顶住左侧门密封框，读数位置为护指胶条与门页表面搭边处。按照上述步骤测量右门同位尺寸。要求左、右门尺寸差的绝对值不大于2mm	 	

(续)

检查项目	检查内容	图 示	检查结果记录
车门胶条挤压宽度测量	将车门关闭，在携门架下方50mm处用游标卡尺测量两侧门页护指胶条边沿并读数，要求该尺寸标准范围为44.5~46mm		

四、任务评价

任务评价表

项目	评价标准	评价等级		
		优	合格	不合格
专业知识测评	了解车门系统的分类			
	认知客室电动塞拉门			
专业能力测评	能检查车门挡销及门槛机构，清洁门槛内粉尘、杂物			
	能清洁与检查车门护指橡胶及四周密封胶条			
	能进行门开度测量、V形测量、对中测量、胶条间距测量等			
总评及建议				

任务二　车门常规功能的调试

一、任务目标

能测试车门正常开、关动作功能。

二、知识准备

客室电动塞拉门工作原理如图3-16所示。

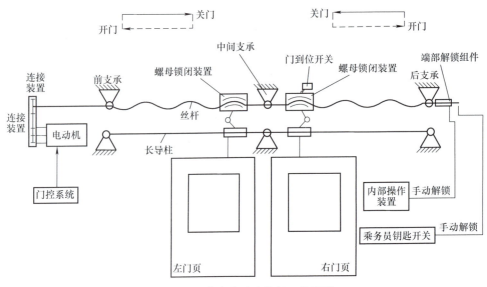

图 3-16　客室电动塞拉门工作原理

1. 车门开、关门过程

1）开门。当 EDCU 接收到开门信号时，电动机沿开门方向转动，通过联轴节将力矩传递给丝杆，丝杆与螺母机构形成螺纹副将丝杆的转动转化为螺母机构的平移，螺母机构与车门通过携门架连接，从而使车门沿导向机构同步运动。当车门打开到最大开度时，EDCU 输出制动信号，丝杆停止转动。

2）关门。当 EDCU 接收到关门信号时，电动机沿关门方向转动，通过联轴节将力矩传递给丝杆，螺母机构带动车门沿导向机构同步运动。车门关好时会触动门锁到位行程开关，EDCU 接收到车门已关闭信号后输出制动信号，丝杆停止转动。同时车门下部挡销滑入门槛嵌块，平衡压轮滑入车门导槽，压紧车门。

2. 开、关门电气控制原理

司机通过司机室的开、关门按钮进行车门的控制，根据关门按钮灯是否亮来确定车门是否可靠锁闭。在 ATO 模式下，车门可在列车停站后自动打开，也可由司机手动开、关。实现开门必须具备 3 个条件：零速信号、开门使能信号、开门指令。

作为车辆电源和车门机械操纵机构的重要连接装置，EDCU 可根据列车控制（零速列车线、开门列车线、关门列车线）电平信号和门驱机构上的行程开关等元件的电平信号来控制车门的开闭，同时控制车门灯在开、关门时的闪烁、报警，控制车门故障信息的保存、传输及障碍物检测。

3. 客室车门常见故障分析

（1）客室车门系统不能实现手动开门故障

1）故障分析：

① 若某一车门系统无法从外侧实现手动解锁开门，则为外紧急解锁功能失效，可能是外紧急解锁钢丝绳上的绳头松脱导致的。

② 若某一车门系统无法从内侧实现手动解锁开门，则为内紧急解锁功能失效，可能是内紧急解锁钢丝绳上的绳头松脱导致的。

③ 若某一车门系统从内、外侧均不能实现手动解锁开门，则该车门可能已被隔离。

2）处理方法：在确认故障车门未被隔离的情况下，分解紧急解锁装置的开关组件，找出故障点，对松脱的绳头按照规定力矩进行紧固，检修完后操作紧急解锁装置，测试其功能。若在紧急情况下发生该故障，应先确认客室车门未被隔离，尽快选择其他车门进行解锁，手动开门。

（2）客室车门系统不能实现电动开门故障

1）故障分析：当车辆处于相对静止状态（速度小于5km/h）时，电控方式下，按下车门集控开门按钮发出开门指令，车辆对应侧的所有车门均应打开。某一门系统不能打开的主要原因有以下几点：

① 门控器无电源。

② 电源开关虚接或故障。

③ 门控器故障。

④ 电磁铁故障。

⑤ 后部密封胶条剐蹭侧墙。

2）处理方法：在车门处用方孔钥匙将该门系统隔离，待列车下线回库后进行检修处理。

（3）客室车门系统不能实现电动关门故障

1）故障分析：在电控方式下，按下车门集控关门按钮，发出关门指令，车辆对应侧的车门均应关闭。某一门系统不能关闭的主要原因有以下几个：

① 门关到位开关和门锁到位开关位置松动或开关损坏。

② 门控器故障。

③ 后部密封胶条剐蹭侧墙。

④ 门槛导槽变形或损伤。

⑤ 关门阻力过大。

⑥ 下导轨处有障碍物。

⑦ 门页中间或门道内有障碍物。

2）处理方法：对于导轨处及门页中间、门道内有障碍物的，应尽快现场排除障碍物，关闭车门，不影响车辆运行；其他故障的应急解决方法是用方孔钥匙将该门系统隔离，待列车下线回库后进行检修处理。

有故障的行程开关必须更换，并准确调整行程开关的位置；若门控器故障，须找出门控器的故障原因并进行针对性的排查和调试；若密封胶条剐蹭侧墙，须更换老化变形的密封胶条，保证车门密封，保证开关过程中不发生干涉；若门槛导槽变形或损伤，须矫正或更换变形的门槛导槽。

（4）客室车门在接近全开时无减速、缓冲功能故障

1）故障分析：

① 电动车门：车门集控开门指令发出后，门控器控制门驱电动机旋转，从而打开车门，车门在接触到定位止挡后，电动机电枢绕组电流迅速增大，门控器检测到增大的电流后发出停止信号给门驱电动机，车门全开后停止。若车门在接近全开位时无减速、无缓冲，主要原因为门控器故障。

② 气动车门：气动车门的减速、缓冲速度由门控电磁阀中的开、关门缓冲节流阀控制。若车门接近全开位时减速、缓冲失效，则可能为门控电磁阀故障或系统出现漏气。

2）处理方法：将该门系统隔离，待列车下线回库后进行检修处理。

（5）客室车门防挤压功能失效故障

1）故障分析：车门集控关门指令发出后，门控器控制电动机沿开门方向的反方向转动，实现车门关闭操作。当客室车门关闭到一定程度时，若车门间有乘客被夹住，门控器检测到门驱电动机的电枢绕组电流增大到允许值以上，进而控制电动机停止并反转打开车门。车门防挤压功能失效的主要原因有以下几个：

① 门控器内部电流检测模块故障或损坏。

② 门控器内部程序出现问题。

③ 门控器硬件内部通信错误。

2）处理方法：排除障碍物，将该门系统隔离，待列车下线回库后进行检修处理。

（6）客室车门开、关门速度过慢故障

1）故障分析：门控器通过占空比调节门驱电动机的驱动电压，从而实现开、关门速度控制。开、关门速度太慢的主要原因有以下几个：

① 门控器内部程序错误。

② 门驱电动机驱动模块硬件或软件故障。

③ 电动机故障。

2）处理方法：将该门系统隔离，待列车下线回库后进行检修处理。

三、任务实施

检查开、关门功能。

检查项目	检查内容	图示	检查结果记录
开、关门检查	在司机室中操作开、关门按钮，检查车门开、关情况，观察显示屏显示车门状态		
指示灯及蜂鸣器检查	检查每扇车门在开闭时，车门灯及蜂鸣器的状态，开门时蜂鸣器应报警，黄色指示灯应闪烁，门开启到位后黄色指示灯应常亮，车门关闭后黄色指示灯应灭	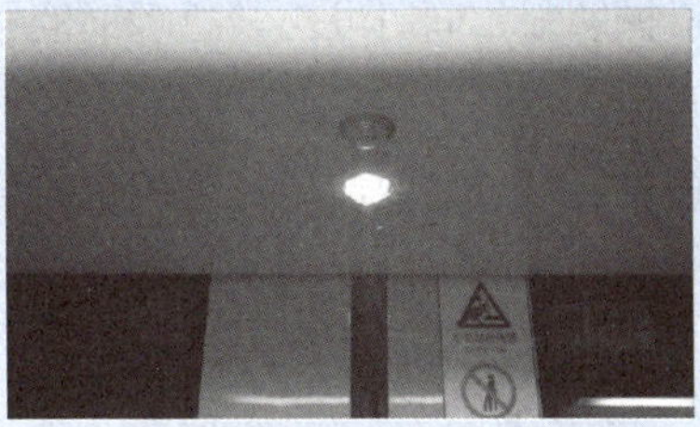	

四、任务评价

任务评价表

项目	评价标准	评价等级		
		优	合格	不合格
专业知识测评	了解车门开、关门过程			
	了解开、关门电气控制原理			
	了解客室车门常见故障分析			
专业能力测评	能测试车门正常开、关动作功能			
总评及建议				

任务三 车门应急功能的调试

一、任务目标

1. 能检查车门隔离功能。
2. 能检查紧急解锁功能，进行解锁盖板安装。
3. 能检查车外部的车门紧急解锁功能。

二、知识准备

安全装置包含内部紧急解锁装置、外部紧急解锁装置（外部紧急入口装置）和门隔离装置。

1. 内部紧急解锁装置

车厢内每个车门设有可供乘客在紧急情况下使用的紧急解锁装置（图3-17），通常为红色手柄的形式，内部通过一根钢丝绳连接手柄和车门操作机构的旋转开锁装置，包含有相应的行程开关。操作内部紧急解锁装置时，门解锁行程开关启动，车门解锁，通过钢丝绳带动端部解锁装置旋转实现机械解锁，同时发出紧急解锁信号。若此时车辆处于静止状态，车门可以手动打开；若车辆处于运动状态，牵引联锁将消失，列车会紧急制动，并向列车诊断系统发送信号。对紧急解锁装置进行复位需要使用专用钥匙。紧急手柄复位后，车门的开关回到正常操作状态。

a) b)

图3-17 内部紧急解锁装置

2. 外部紧急解锁装置（外部紧急入口装置）

每节车每侧各设有一个外部紧急入口装置（图3-18）。该装置内部通过钢丝绳与锁闭装置相连，只能在车辆处于零速状态时在车外进行操作。当门系统工作正常时，使用专用方孔钥匙操作该装置，可通过电控实现自动开关门。当门系统断电时，使用方孔钥匙操作该装置，可通过钢丝绳对车门进行机械解锁，实现手动开关门。

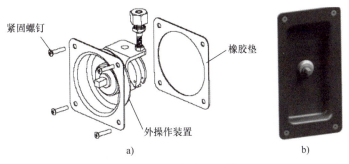

图 3-18 外部紧急入口装置

3. 门隔离装置

每套门系统的右门页装有一个门隔离装置。门隔离行程开关位于右侧门框立柱隔离开关组件盒中。在门处于关闭状态时，乘务员使用专用方孔钥匙操作门页上的隔离锁，可将车门机械锁紧，并触发门隔离行程开关，实现该车门的电气隔离。注意：当该车门被隔离锁闭后，操作紧急解锁开关无法将其打开。

三、任务实施

检查车门应急功能。

检查项目	检查内容	图示	检查结果记录
紧急解锁功能调试	检查工作需两人共同完成：一人在客室转动紧急解锁手柄，尝试打开车门，检查车门内部解锁功能及指示灯状态，要求车门可打开，且黄色指示灯常亮，蜂鸣器发出警告声；一人在司机室通过显示屏观察当前的车门状态是否为紧急解锁状态		

（续）

检查项目	检查内容	图示	检查结果记录
内部门隔离功能调试	检查工作需两人共同完成：一人在客室操作门隔离开关，将开关打到隔离位，检查车门隔离功能及指示灯状态，要求内部红色指示灯常亮，黄色指示灯灭；一人在司机室通过显示屏观察当前的车门状态，确认车门被隔离后能利用广播向客室人员确认车门状态；在客室的人员在得到司机室人员确认后，将开关打到恢复位		
外部解锁功能调试	检查工作需两人共同完成：一人在车外操作外部解锁，检查车门外部解锁功能及指示灯状态，要求车门可以被打开，此时黄色指示灯常亮，蜂鸣器发出警告声；一人在司机室通过显示屏观察当前车门的状态是否为紧急解锁状态		
车门防夹功能调试	一人在司机室操作开门按钮，将两侧车门全部打开，在进行广播后，操作一侧关门按钮，将一侧车门关闭，在客室的人员进行防夹功能测试时，观察显示屏上是否显示车门防夹图标；通过司机控制台的视频监控观察客室的实际操作情况，对关门情进行再次确认，在确认此侧车门全部关好后，关闭另一侧车门，重复以上测试 在客室的人员（可为一组人）在车门开始关闭时，使用25mm×60mm防夹挡块测试正在关闭的车门防夹功能，按顺序测试车门上部、中部、下部3个位置。要求车门防夹功能正常，车门在第3次关闭受阻时全开		

四、任务评价

任务评价表

项目	评价标准	评价等级		
		优	合格	不合格
专业知识测评	认知内部紧急解锁装置			
	认知外部紧急解锁装置（外部紧急入口装置）			
	认知门隔离装置			
专业能力测评	能检查车门隔离功能			
	能检查紧急解锁功能，进行解锁盖板安装			
	能检查车外部的车门紧急解锁功能			
总评及建议				

Project 4
项目四
城市轨道交通车辆连接装置的维护与测量

项目描述

城市轨道交通车辆连接装置主要包括车钩缓冲装置和贯通道装置，车辆通过车钩缓冲装置实现列车车辆之间的相互连接，传递车辆间的纵向力、牵引力和制动力并缓和车辆之间的纵向冲击力；通过贯通道装置实现客室间的无间隙连接。本项目主要以全自动车钩为例讲解连接装置的维护。

半自动车钩缓冲装置

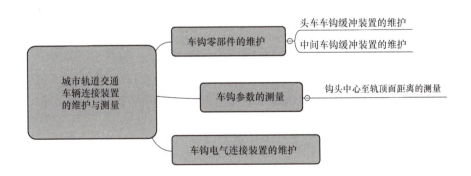

任务一 车钩零部件的维护

一、任务目标

1. 能检查车钩各紧固件的安装状态。
2. 能清洗、检查、润滑车钩及零部件。

二、知识准备

1. 车钩缓冲装置的作用

车钩缓冲装置是车辆最基本的部件，也是最重要的部件之一。它是用来连接列车中各车辆使之彼此保持一定的距离，并且传递和缓和列车在运行中或在调车时所产生的纵向力或冲击力的装置。车钩缓冲装置如图 4-1 所示。

a)   b)

图 4-1 车钩缓冲装置

如果牵引和缓冲功能是由同一装置来承担的，那么该装置称为牵引缓冲装置。如果牵引和缓冲功能分别由不同的装置来承担，则分别称为牵引连挂装置和缓冲装置。牵引连挂装置用来保证车辆和车辆的彼此连接，并且传递和缓和纵向力。缓冲装置用来传递和缓和压缩力，并且使车辆彼此之间保持一定的距离。

2. 车钩缓冲装置的分类

车钩缓冲装置按照连接方法不同可分为非自动车钩和自动车钩。非自动车钩要由人工来完成车辆的连接，而自动车钩不需要人参与就能实现连接。

根据两连接车钩间是否有垂直位移，车钩可分为非刚性车钩和刚性车钩，如图 4-2 所示。

非刚性车钩如图 4-2a 所示，它允许两个相连接的车钩钩体在垂直方向上有相对位移。当两个车钩的纵轴线存在高度差时，两个车钩呈阶梯形状，并且各自保持水平位置。由于钩体的尾端相当于销接，这就保证了车钩在水平面内的位移。非刚性车钩较普遍地应用于一般铁路客车、货车上。非刚性车钩有以下优点：

1）简化了两车钩纵向中心线高度偏差较大的车辆相互连挂的条件（例如，不同类型的车辆之间，车轮及其他部件磨耗程度不同的车辆之间，以及空车和重车之间）。

2）车钩强度大。

3）不需要复杂的钩尾销连接结构和复杂的对心装置。

4）车钩钩体的结构和铸造工艺较为简单。

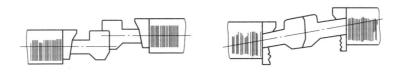

图 4-2　非刚性车钩与刚性车钩

a）非刚性车钩　b）刚性车钩（密接式车钩）

刚性车钩也称为密接式车钩，如图 4-2b 所示。它的连接不允许两连挂车钩存在相对位移，而且对前、后的间隙要求限制在很小的范围之内。如果在车辆连挂之前两车钩的纵向轴线高度已有偏差，那么在连挂后，两车钩的轴线处在同一条直线上并呈倾斜状态。两钩体的尾端具有完全的销接，这就能保证两连挂车辆之间可以具有相对的平移和角位移。刚性车钩与非刚性车钩相比有如下优点：

1）减小了两个车钩连接表面之间的间隙，从而降低了列车中的纵向力，提高了列车运行的平稳性。

2）由于车钩零件的位移减小了，并且在这些零件上作用的力也减小了，因此改善了自动车钩内部零件的工作条件。

3）减小了车钩连接表面的磨耗。

4）减小了由于两连挂车钩相互冲击而产生的噪声，这对于城市轨道交通车辆和客车尤为重要。

5）可避免在意外撞车事故时，发生一个车辆爬到另一个车辆上的危险。

以上这些特点决定了刚性车钩主要用于城市轨道交通车辆以及高速动车组。我国城市轨道交通车辆普遍使用了密接式车钩。

城市轨道交通车辆的车钩按结构不同分为 3 种不同类型：全自动车钩、半自动车钩（图 4-3）和半永久牵引杆（图 4-4、图 4-5），它们均属于密接式车钩。其基本结构都是由车钩钩头、缓冲装置、对中装置和钩尾冲击座等部分组成。当两钩连接时，凸锥插入对方相应锥孔中，凸锥内侧面迫使对方钩舌转动，解钩风缸的弹簧受压，钩舌逆时针转过一定角度，当两钩连接面接触后，在解钩风缸的弹簧力作用下，钩舌恢复至原来位置。解钩时，用手或解钩风缸推动解钩杆，使钩舌转动，两钩即可脱离。本书以全自动车钩为例讲解车钩的维护。

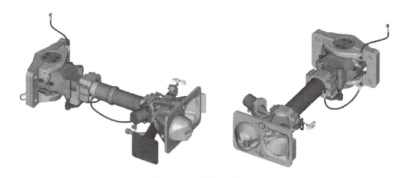

图 4-3　半自动车钩

图 4-4　带压溃管的半永久牵引杆

图 4-5　不带压溃管的半永久牵引杆

3. 全自动车钩

全自动车钩位于列车端部，其电气和气路连接装置都组装在钩头上。图 4-6 所示为某城市轨道交通列车全自动车钩。全自动车钩可以实现机械、气路的完全自动连挂和解钩，或人工解钩。全自动车钩能够使车辆机械、电路、气路自动连挂，无须人工辅助，把一辆车开向另一辆车就可以实现两辆车的自动连挂，水平方向和垂直方向有角位移的情况下也可以自动连挂。全自动车钩通过司机室的解钩按钮可以进行自动解钩，也可以在轨道旁手动解钩。车辆通过车钩连挂后可以顺利地在一定的坡道和曲线上运行。

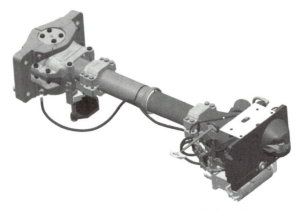

图 4-6　某城市轨道交通列车全自动车钩

其特性为自动实现机械连接、气路连接和电路连接，可在司机室操作；自动实现气动解钩；气路故障时，可用解钩绳手动解钩；对中装置设有可复原能量吸收装置——缓冲器；设有吸收能量装置（可压溃筒体）和过载保护装置。

（1）国产密接式车钩缓冲装置　国产密接式车钩缓冲装置主要由车钩钩头、橡胶式缓冲器、风管连接器和电气连接器等组成，缓冲器位于钩头的后部。国产密接式车钩缓冲装置如图4-7所示。车辆连挂时，依靠两车钩相邻钩头上的凸锥和凹锥孔的相互插入，实现两车钩紧密连接；同时自动将两车之间的电路和气路接通。两车分解时，其亦可自动解钩，自动切断两车之间的电路和气路。

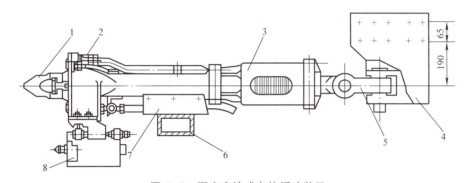

图4-7　国产密接式车钩缓冲装置

1—密接式车钩钩头　2—风管连接器　3—橡胶金属片式缓冲器　4—冲击座
5—十字架连接器　6—车钩托梁　7—磨耗板　8—电气连接器

在车钩下面有车钩托梁，在缓冲器尾部通过十字架连接器与车体上的冲击座相连，可以实现水平和垂直方向的摆动。

1）钩头结构。车钩前端为钩头，有一个凸锥和凹锥孔，内部还有钩舌、解钩杆、解钩杆弹簧和解钩风缸。

2）工作原理。该车钩有待挂、连挂和解钩3种状态。密接式车钩内部结构与工作原理如图4-8所示。

① 待挂状态。待挂状态为车钩连接前的准备状态，此时钩舌定位杆被固定在待挂位置，解钩风缸活塞杆处于回缩状态，半圆形钩舌的连接面与水平面夹角为40°。

② 连挂状态。两钩连挂时，凸锥插进对方车钩相应的凹锥孔中。这时凸锥的内侧面在前进中压迫对方的钩舌转动，使解钩风缸的弹簧受压，钩舌沿逆时针方向旋转40°。当两钩连接面相接触后，凸锥的内侧面不再压迫对方的钩舌，此时，由于弹簧的作用使钩舌恢复到原来的状态，即处于闭锁位置。

③ 解钩状态。自动解钩时，要使两钩分解，需由司机操纵解钩阀，压缩空气由总风管进入前车（或后车）的解钩风缸，同时经解钩风管连接器送入相连挂的后车（或前车）解钩风

缸，活塞杆向前推并带动解钩杆，使钩舌转动至开锁位置，此时两钩即可解开。两钩分解后，解钩风缸的压缩空气迅速排出，解钩弹簧得以复原，带动钩舌顺时针方向转动40°恢复到原始状态，为下次连挂做好准备。如果采用手动解钩，只要人力扳动解钩杆，就能使钩舌转动至开锁位置，实现两钩的分解。

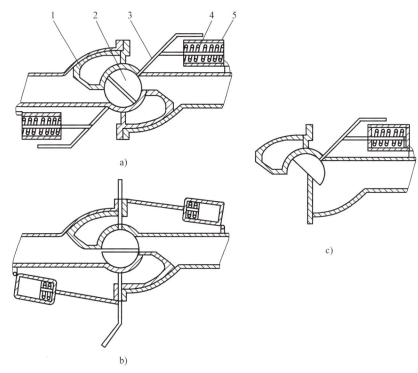

图4-8 密接式车钩内部结构与工作原理

a）连挂状态 b）解钩状态 c）待挂状态

1—钩头 2—钩舌 3—解钩杆 4—弹簧 5—解钩风缸

我国早期北京城市轨道交通和天津城市轨道交通车辆采用了这种国产密接式车钩形式。

（2）Scharfenberg密接式车钩缓冲装置 Scharfenberg密接式车钩缓冲装置（图4-9）主要由密接式车钩钩头、橡胶弹簧、风管连接器、电气连接器等部分组成。车辆连挂时，依靠两车钩相邻钩头前端的锥形喇叭口引导彼此精确地对中，实现两车钩的紧密连接；同时自动将两车之间的电路和气路接通。在两车分解时，可由司机控制解钩电磁阀自动解钩，并自动切断两车之间的电路和气路。

在车钩下面有车钩支撑弹簧。缓冲器尾部通过转动中心轴与车体上的冲击座相连，并可通过橡胶弹簧的弹性变形及缓冲器与转动中心轴的相对转动实现垂直和水平方向的摆动，垂向最大摆角为4°30′，水平最大摆角为30°。

1）钩头结构。钩头壳体为焊接件，它由两部分组成，前面为一个带有锥体和喇叭口的凸缘，后面为连接法兰。当两钩连接时，前面的锥体和喇叭口用来引导对准，伸出在前面的爪把用来扩展车钩的连接范围。前端的圆孔用来安置空气管路连接器,在钩头壳体中配置有车钩锁闭零件和解钩风缸。钩头借助钩头壳体后部的法兰将钩头与牵引缓冲装置连成一体。

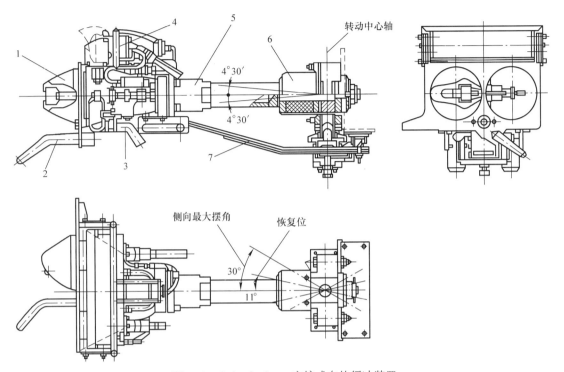

图 4-9 Scharfenberg 密接式车钩缓冲装置

1—密接式车钩钩头 2—引导对准爪把 3—风管连接器 4—电气连接器 5—钩身 6—橡胶弹簧 7—支撑弹簧

2)工作原理。该车钩有待挂、连挂和解钩 3 种状态。Scharfenberg 密接式车钩内部结构与工作原理如图 4-10 所示。

① 待挂状态。这时钩头中的钩锁杆轴线平行于车钩的轴线,钩锁杆的连接销中心与钩舌中心销连接线垂直于车钩的轴线。

② 连挂状态。欲使两钩连挂,原来处于连挂准备位的两钩相互接近并碰撞时,在钩头前端的锥形喇叭口引导下它们精确地对中,两钩向前伸出的钩锁杆由于受到对方钩舌的阻碍,各自推动钩舌绕顺时针方向转动,直至在弹簧拉力作用下钩锁杆滑入对方钩舌的嘴中,并推动钩舌绕逆时针方向返回到原来位置为止。这时两钩的钩锁杆与两钩的钩舌构成一平行四边形,力处于平衡状态,两钩刚性、无间隙地彼此连接,处于闭锁状态。在连挂闭锁位时,钩舌和钩杆的位置与连挂准备状态完全相同,钩舌在弹簧作用下力图保持处于闭锁位。当两钩受牵拉时,拉力均匀地分配在由钩锁杆和钩舌组成的平行四边形两对边(即钩锁杆)上。当两钩冲击时,冲击力由两钩壳体喇叭口凸缘传递。

③ 解钩状态。气动解钩:由司机操作解钩控制阀解钩。这时压力空气充入解钩风缸,推动活塞向前运动,压迫解钩杆上设置的滚子,两钩头中的钩舌被同时推至解钩位置。解钩后排

气，风缸中受压弹簧使活塞返回原始位置。

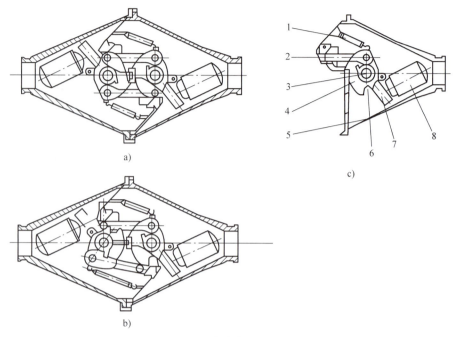

图 4-10　Scharfenberg 密接式车钩内部结构与工作原理
a）连挂状态　b）解钩状态　c）待挂状态

1—钩锁连接杆弹簧　2—钩锁连接杆　3—中心轴　4—钩舌　5—钩头壳体　6—钩嘴　7—解钩杆　8—解钩风缸

手动解钩：拉动钩头一侧的结构手柄，动力经过钢丝绳、杠杆和解钩杆使两钩的钩舌转动，直至钩锁杆脱出钩舌的嘴口，两钩脱开，处于解钩位。

欧洲城市轨道交通车辆大部分都采用这种车钩形式，上海、广州、深圳城市轨道交通车辆也有采用这种车钩的。

4. 半自动车钩和半永久牵引杆

半自动车钩用于两编组单元之间的车辆连挂。通常半自动车钩的钩头连接形式与自动车钩相同，连挂方式和锁闭方式也相同。两个相同的车钩可以在直线线路和曲线线路上自动连挂。半自动车钩可以实现列车单元之间的机械连接和风管连接的自动连接，电气连接只能手动。解钩时，机械和气路部分可自动也可手动操作，但不能在司机室集中控制。在半自动车钩上设有贯通道支撑座，用于车辆运行过程和解钩之后支撑贯通道。支撑座可以承受贯通道及其所承受的载荷。半自动车钩如图 4-11 所示。

半永久牵引杆用于同一单元内车辆之间的编组，使之编组成单元。列车单元在运行过程中一般不需要分解，通常只在维修时才分解。当两车连挂时即形成刚性连接，其连接间隙最小，垂向运动和转动也很小。这样的连接形式可以保证列车在出轨时车辆之间仍然可以保持相对位置，防止车辆重叠和颠覆，减少列车起动及制动时的冲动。每个半永久牵引杆上均有贯通道支撑座，用于车辆运行过程和解钩之后支撑贯通道。支撑座可以承受车辆正常运行时超员情况下贯通道所承受的载荷。半永久牵引杆只是将两车的连接方式由车钩连接改为牵引杆连接，取消了气路和电路的连接。气路和电路的连接只能依靠手动连接。不同种类的车辆所安装的半永久牵引杆的结构可能有所不同，但连接原理是一致的。图4-12所示为上海城市轨道交通车辆半永久牵引杆。

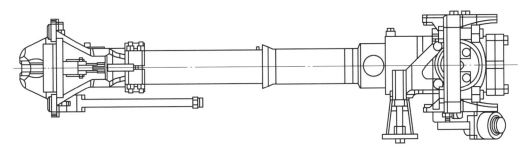

图4-11 半自动车钩

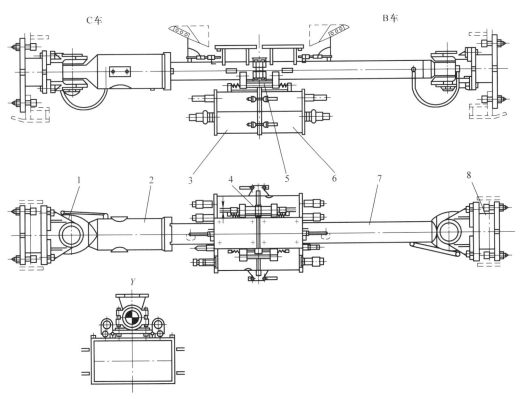

图4-12 上海城市轨道交通车辆半永久牵引杆

1—支撑座 2—具有双作用环弹簧的牵引杆 3、6—电气连接盒 4—风管
5—套筒式联轴节 7—牵引杆 8—过渡板

5. 车钩缓冲装置的日常检查

（1）头车车钩缓冲装置和日常检查

1）用抹布对车钩整体进行清洁，用风枪对钩头、压溃管接口、风管接头等部位进行清洁。

2）确认车钩整体无裂纹、机械变形、缺件、腐蚀等损伤痕迹，螺栓无松动缺失，对脱漆部位清洁后，重新补漆。

3）用风枪清理车钩头，使用冷镀锌对钩头表面进行防腐防锈处理；使用 AUTOL TOP 2000 润滑脂对钩头凸、凹锥进行润滑，使用二硫化钼（MoS_2）减磨剂对钩舌及钩舌腔表面进行润滑，使用 MOLYKOTE 1000 对橡胶支撑紧固螺栓裸露螺纹面进行润滑。

4）检查钩头内拉簧安装是否正确，有无断裂，拉动解钩手柄 3 次，确认钩舌活动灵活，且手柄拉到解钩位时，钩舌垂直面与中心线平行。

5）检查风管接头、解钩气缸、风管及连接器，确认整体无损伤、密封件无损坏、松脱，软管连接无损坏、松动、脱落，解钩气缸安装牢固，无松动。

6）确认压溃装置无触发、无松弛或移动。

7）确认缓冲器装置端部螺栓无松动或损坏。

8）确认接地线无破损，安装牢固，安装螺栓防松标记清晰。

9）确认连接卡环紧固件无损坏或遗失，防松片状态正常，卡环无位移，两侧间隙正常，清除污垢后，涂上 AUTOL TOP 2000 润滑脂。

10）确认车钩对中装置完好，无损坏、松动或丢件，水平止挡两侧间隙对称，可左右活动，可以在 ±16°范围内主动对中。

11）确认车钩 4 个过载保护螺栓状态正常，无松动，防松标记清晰。

12）用水平尺和钢直尺测量并记录车钩头底平面距走行轨面的高度。

13）车钩自然对中情况下测量钩头水平中心线的水平偏差，参照标准进行调整。

14）目测车钩头无扭转，底面保持水平。

（2）中间车车钩缓冲装置的日常检查

1）对车钩整体进行清洁，确认车钩总体无裂纹、机械变形、损伤痕迹，紧固件无松脱或遗失，对脱漆部位重新补漆。

2）确认车钩头密接良好、无缝隙，解钩手柄在连挂位，安全销均已插入锁钩孔，且铁链无损坏和丢失。

3）确认总风管连接器无损伤，零件无松脱，软管连接无损坏、松动、脱落，无漏气。

4）确认缓冲装置端部螺栓无松动或损坏。

5）确认压溃管无触发、松弛或移动。

6）确认连接卡环紧固件无损坏或遗失，防松片状态正常，卡环无位移，两侧间隙正常，清除污垢后，涂上 AUTOL TOP 2000 润滑脂；使用 MOLYKOTE 1000 对橡胶支撑螺栓裸露螺纹面进行润滑。

7）使用风枪对凸轮板、滚轮和活塞的裸露部分进行清洁，用干净抹布擦干净，并使用 AUTOL TOP 2000 润滑脂对以上零件裸露部位进行重新润滑。

8）确认接地线无破损，安装牢固，安装螺栓防松标记清晰。

9）确认对中装置无损坏、松动或缺件，水平橡胶支撑块无裂纹、无老化，两侧止挡间隙对称。

10）确认车钩安装螺栓状态正常，无松动，防松线清晰。

（3）半永久牵引杆的日常检查

1）对车钩整体进行清洁，确认车钩总体无裂纹、机械变形、损伤痕迹，紧固件无松脱或遗失，对脱漆部位重新补漆。

2）确认总风管连接器无损伤，零件无松脱，软管连接无损坏、松动、脱落，无漏气。

3）确认缓冲装置端部螺栓无松动或损坏。

4）确认压溃管无触发、松弛或移动。

5）确认连接卡环紧固件无损坏或遗失，防松片状态正常，卡环无位移，两侧间隙正常，清除污垢后，涂上 AUTOL TOP 2000 润滑脂；使用 MOLYKOTE 1000 对橡胶支撑螺栓裸露螺纹面进行润滑。

6）确认接地线无破损，安装牢固，安装螺栓防松标记清晰。

7）确认对中装置无损坏、松动或缺件，水平橡胶支撑块无裂纹、老化，两侧止挡间隙对称。

8）确认车钩安装螺栓状态正常，无松动，防松线清晰。

6.车钩缓冲装置的定期检修

下面以全自动车钩缓冲装置为例介绍车钩缓冲装置的定期检修。半自动车钩的机械钩头与全自动车钩基本相同，半永久牵引杆的机械钩头采用半环箍型联轴节连接，一般仅在架修和大修时才进行分解检修。

（1）车钩磨损的检测　在将全自动车钩、半自动车钩或车体分解之前，应用间隙规检测机械钩头内机械连挂机构的间隙，来判定钩锁的磨损情况。

检测步骤如下：

1）检测前，先清洁机械钩头表面及钩锁机构。

2）将钩锁转至连挂位。

3）从间隙规的钩舌板中取下连接杆销。

4）使间隙规定位，使规体表面与机械钩头表面贴合。

5）使车钩连接杆钩住间隙规的钩舌板。

6）使间隙规的连接杆钩住车钩的钩舌板。

7）通过转动棘轮手柄调节间隙规钩舌板的位置，以便可以插入连接杆销。

8）顺时针转动棘轮手柄，使间隙规处于张紧状态，调节力矩为 $100N \cdot m$。

9）间隙规上的游标尺可读至 $0.1mm$，钩锁机构的磨损极限不得超过 $1.4mm$。

10）如果超过磨损极限，必须拆下钩头并分解，以检查钩锁零件的损坏和磨损情况。必要时，将其更换。

（2）车钩钩头的检修

1）机械钩头的检修。全自动车钩机械钩头由壳体、心轴、钩舌板、钩舌板连杆、钩舌弹簧、钩舌板定位杆（或称棘爪）及弹簧、撞块及弹簧和解钩气缸组成。壳体的前部一半为四锥体的钩头（凸锥体），另一半为钩头坑（或称凹锥体），车钩连挂时相邻两个车钩的四锥体的钩头和钩头坑相互插入。

固定在心轴上的钩舌板在钩舌板弹簧的作用下可绕心轴转动并带动钩舌板连杆动作。钩舌板按功能需要设计成不规则的几何形状，设有供连挂时定位和供解钩气缸活塞杆作用的凸舌，以及与钩舌板连杆连接的定位槽、钩嘴等，是车钩实现动作的关键零件。

钩舌板连杆在连杆弹簧拉力的作用下使车钩可靠地连接起来。钩舌板定位杆上的两个凸齿，使钩舌板处于待挂或解钩状态。撞块可在车钩连挂时解开钩舌板定位杆与钩壳的锁定位，从而使两钩实现连挂。

机械钩头检修内容如下：

① 清洁和检查连接杆、连接杆销子、钩舌板、中心销、撞块、棘爪、导向杆、张紧弹簧的磨损情况。

② 更换磨损或损坏的零件，按照润滑方案和工艺给相关零件涂润滑油。

③ 更换部分弹簧件。

④ 对钩舌板、连接杆和中心销进行磁粉探伤或其他无损探伤。

⑤ 重新油漆各零件。

⑥ 用压缩空气清洁弹簧支撑座，更换损坏件，并给压簧涂 Rivolta GWF 润滑脂。

⑦ 在螺栓螺纹表面涂 Rivolta GWE 润滑脂。

⑧ 在机械车钩表面涂 HS300 防腐涂层。

2）电气连接箱的检修。全自动车钩的电气连接箱设于机械钩头的两侧，其中一侧连接低压电缆，另一侧连接信号和通信电缆。全自动车钩的电气连接箱通过机械操纵机构实现自动连挂和解钩，当机械钩头连挂时，钩头内心轴转动带动顶端的凸轮一起转动，从而推动一个二位五通阀使压缩空气作用于电气连接的气缸，气缸活塞杆通过杠杆机构和弹簧使电气箱迅速连挂。

半自动车钩电气连接箱的连挂和解钩由人工实现，通过手动转动齿轮使齿轮和齿条机构动作，从而带动杠杆和弹簧使电气连接箱连挂和解钩。因此半自动车钩的电气连接箱运动不随机械车钩同时动作。电气连接箱只有在损坏的情况下才有必要分解检修，一般只对电气连接箱进行如下检修：

① 用干布和无油压缩空气吹扫，清洁触头和绝缘块。

② 更换个别已损坏触头。更换可动触头和固定触头的方法相同。

③ 检查接线柱，并用绝缘电阻表测量接线柱的绝缘性能。

④ 更换密封用的橡胶框。

⑤ 修复电气连接盒的塑料绝缘涂层。对电气连接箱的操纵机构进行如下检修：

a. 更换密封件。

b. 清洁和检查零部件的磨耗情况，更换磨耗件，用无油压缩空气吹扫清洁软管和风管。

c. 如有必要，重新油漆。

d. 用润滑脂（Rivolta GWF）润滑滑动接触表面和衬套。

e. 用润滑脂（Rivolta GWF）润滑螺栓端部。

f. 用密封胶（LOCTITE 572）密封插接式软管上的螺纹件，活接螺母不必密封。

g. 用润滑脂（Rivolta SKD 3400）润滑气缸内侧表面和活塞杆。

3）气路连接器的检修。气路连接器设在机械钩头法兰下侧的中间，分设两个风管弹簧阀。当一方弹簧阀的阀芯管压迫另一方的阀芯时，双方阀被打开，使总风管和解钩风管接通。而一旦对方风管撤离，也就是两钩头的法兰面分离时，在弹簧力的作用下阀被关闭。这样设计的气路连接器可使风管的接通和断开随车钩的连挂和解钩自动进行。图 4-13 所示为自动开闭式气路连接器。

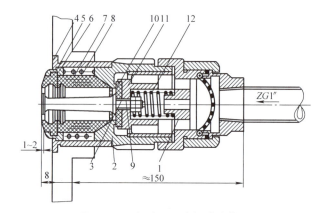

图 4-13　自动开闭式气路连接器

1—后接头　2—阀杆　3—顶杆　4—阀壳　5—密封圈　6—滑套　7—橡胶套
8—前弹簧　9—调整垫片　10—阀垫　11—滑阀　12—顶杆弹簧

一般情况下，对气路连接器进行如下检修：

① 清洁和检查零件是否有损坏，若有则更换损坏件。

② 更换主风管和解钩风管弹簧阀对接口的密封件。

③ 更换主风管和解钩风管的橡胶管。

④ 用酒精清洁橡胶件，不得用润滑油（脂）处理。

⑤ 用润滑脂（Rivolta GWF）保护螺栓端部。

⑥ 用密封胶（LOCTITE 572）密封气管上的螺纹件，活接螺母不必密封。

⑦ 车钩装车前，用肥皂液检查气管接头是否泄漏，测试气压应为 1.0MPa。

（3）解钩气缸的检修　解钩气缸的检修分为如下几个步骤：

1）用无油压缩空气和抹布清洁所有零件。

2）用刚性金属丝清洁气缸盖板上的排气孔。

3）检查活塞 O 形密封圈和气缸盖板上的防尘圈有无裂痕，若有则将其更换。

4）检查活塞杆的磨损情况，若磨损严重应更换。

5）检查活塞复位弹簧是否断裂，若有应将其更换。

6）用润滑脂（Rivolta SKD 3400）润滑气缸活塞杆和气缸内侧壁。

7）用润滑脂（Rivolta GWF）涂于螺栓端部。

（4）缓冲装置的检修　缓冲器分为可再生缓冲器和不可再生缓冲器两种类型。可再生缓冲器有双作用环弹簧缓冲器、橡胶缓冲器（EFG3）、液压缓冲器和气液缓冲器等，不可再生缓冲器为压溃管。上海地铁直流电动列车车钩使用的缓冲器为双作用环弹簧缓冲器，如图4-14所示。当车钩受压缩冲击时，牵引杆推动弹簧前座板向后挤压内、外环簧。由于内环簧和外环簧相互间的接触面为V形锥面，从而使内环簧受压缩、外环簧受拉伸，使冲击能量转化为弹簧的势能。同时，内、外环簧锥面的相互摩擦产生一定的热量，从而使一部分冲击能量转化为热能。总之，缓冲器将冲击动能转化为弹簧的势能和热能，来达到吸收冲击能量的目的。当牵引杆受拉伸冲击时，牵引杆后端的预紧螺母压迫弹簧后座板，同样后座板挤压内、外环簧，使内、外环簧产生与牵引杆受冲击时同样的变化过程。所以该缓冲器无论是受压缩冲击还是受拉伸冲击，都能吸收冲击能量。

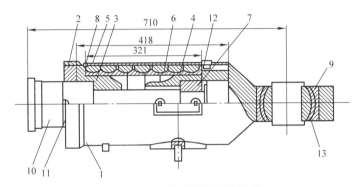

图4-14 双作用环弹簧缓冲器

1—弹簧盒　2—端盖　3—弹簧前从板　4—弹簧后从板　5—外环弹簧　6—内环弹簧　7—开口弹簧　8—半环弹簧　9—球形支座　10—牵引杆　11—标记环　12—预紧螺母　13—橡胶嵌块

电动列车车钩的缓冲装置由压溃管和橡胶缓冲器（EFG3）（图4-15）组成。车钩缓冲装置是车辆冲击能量吸收系统的一部分，在列车相撞或当冲击速度过大时，可通过压溃管的变形来吸收冲击能量。压溃管的能量吸收情况如图4-16所示。列车进行正常的牵引和制动时，通过橡胶缓冲器（EFG3）的橡胶变形来吸收冲击能量。压溃管属于免检修部件，当压溃管的变形部位超过标准时必须进行更换。

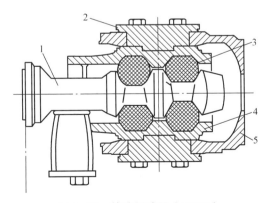

图4-15 橡胶缓冲器（EFG3）

1—牵引杆　2—安装座　3—环形橡胶　4—缓冲器体　5—支撑座

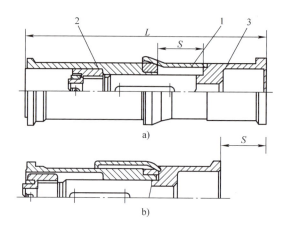

图 4-16 压溃管的能量吸收情况
a）未变形的状态 b）压溃后的状态
1—可压溃变形管 2、3—可压溃筒体

上海地铁 3 号线电动列车车钩的缓冲装置是液压缓冲器。这是一种可恢复的能量吸收装置，车钩在发生撞击时缓冲器内部的活塞杆作用于活塞，使压力油通过活塞和缸体内壁的间隙流动，从而吸收能量，其相对速度越快吸收能量越大。

对双作用环弹簧缓冲器进行分解检修之前和装配之后，用缓冲器压力试验机对缓冲器逐渐加载至 550kN，缓冲行程为 55mm，缓冲器的能量吸收率大于 66%，缓冲曲线应与其给定的弹性曲线一致。缓冲器检修步骤如下：

1）打开缓冲器后检查环弹簧是否在正常位置，然后放松预紧环。

2）清洁内、外环弹簧和缓冲器的内腔。

3）检查和更换有裂纹的内、外环弹簧片。

4）用专用油脂对环弹簧片进行润滑。

5）清洁和检查缓冲器两侧磨耗板的磨损情况，若磨损严重则更换。

6）检查缓冲器端部的球铰橡胶件有无裂纹、老化和龟裂，若有裂纹且深度超过 5mm 则要更换。

（5）对中装置的检修 车钩对中装置分为水平对中装置和垂向对中装置。水平对中装置一般简称为对中装置，分为气动对中装置和机械对中装置。垂向对中装置一般简称为垂向支承，通过调整该处的调节螺栓可实现车钩端面中心线到轨道上表面的距离调节。

电动列车车钩对中装置采用气动对中装置。其结构和对中原理是：在缓冲器的尾部下方左/右侧各设有一个对中气缸，它的活塞头部装有一个水平滚轮，当气缸充气活塞杆向外伸出时，能自动嵌入并固定在球铰座下方的一块呈桃子形的凸轮板左、右两个缺口内，从而达到使车钩自动对中的目的，也就是使车钩缓冲装置的中心线与车体中心线在同一个水平平面内，以便使两个钩头对准对方的车钩的钩坑。有些城市轨道交通车辆的车钩对中装置采用机械对中方式，其原理是利用机械弹簧较大的挠度使得车钩在水平方向摆动一定角度，实现车钩在直线段和曲线段的正常连挂。

对于垂向支承，城市轨道交通车辆现有电动列车基本相同，都是通过调整橡胶支撑垫的预紧力来调整车钩在垂向距轨道上表面的距离（一般为720mm）。

1）水平对中装置的检修。

① 用压缩空气和抹布清洁各零件。

② 用刚性金属丝或螺钉旋具清洁气缸排气孔。

③ 检查凸轮板和衬套是否有损坏和磨损，若有损坏则更换。

④ 检查活塞杆端部的滚轮是否有损坏，若有损坏则更换。

⑤ 用润滑脂（Rivolta GWF）润滑所有的滑动件和壳体内侧。

⑥ 用润滑脂（Rivolta GWF）保护螺纹和螺栓端部。

⑦ 用密封胶（LOCTITE 572）密封插接式软管上的螺纹件。

2）垂向支承的检修。

① 清洁和检查橡胶弹簧是否有裂纹和损坏，如果裂纹深度超过3mm或长度超过10mm，则必须更换橡胶弹簧。

② 清洁和更换衬套。

（6）钩尾冲击座的检修　缓冲器的尾部通过一个球铰与车体底架相连，该球铰部分称为钩尾冲击座。这样的结构可使整个车钩缓冲装置在水平平面内摆动±40°，而在垂直面内可摆动±5°，以满足车辆在水平曲线和竖曲线上的运行要求。

车钩缓冲装置通过钩尾冲击座安装在车体的底架牵引梁上，钩尾冲击座与牵引梁之间安装有过载保护螺栓。过载保护螺栓采用的是鼓形结构，当冲击载荷大于800kN时，鼓形结构即被破坏，车钩与车体分离并沿着导轨向后移动，从而避免超过许用载荷的冲击力加载到车体底架上。

电动列车车钩钩尾冲击座的工作原理和功能都基本相同，只是在结构和尺寸上略有差异。对钩尾冲击座的检修内容如下：

1）当车钩受到850kN以上的冲击载荷或严重的碰撞事故后，必须检查过载保护螺栓和衬套是否损坏，若有损坏则必须更换。

2）清洁和检查底架的尼龙导轨是否损坏，若有损坏则必须更换，并应对其进行润滑，但是不允许对过载保护螺栓和衬套的接触表面进行润滑。

3）清洁和检查球铰结构的橡胶件是否有损坏，若有损坏则必须更换。

4）自锁螺母重复使用不得超 5 次。

（7）监测和控制元件的检修　实现车钩连挂和解钩动作的监测和控制的元件为行程开关 S1、S3、S4 和二位五通换向阀。当机械钩头连挂和解钩时，钩头中心销的凸轮板转动，行程开关 S1 监测到该动作并给出反馈电信号，司机室将显示车钩的连挂和解钩情况。当电气连接箱连挂和解钩时，行程开关 S3 监测到电气连接箱操纵机构的动作并反馈电信号，司机室将显示电气连接箱的动作情况。行程开关 S4 与车钩的止动板有联锁作用，当止动板动作时，即使车钩高压电路切断，S4 也能起到保险作用。

车钩的气路控制元件为二位五通换向阀，通过该阀能实现电气连接箱和对中装置的自动动作。

对监测和控制元件的检修内容如下：

1）确认行程开关 S1、S3 和 S4 的动作良好，否则进行更换。

2）在安装开关时，确保其行程触头的正确角度和位置，并检查其功能是否正常。

3）清洁和确认二位五通阀的状态良好。

（8）其他附件的检修　连接环由上、下两个半连接环组成，通过 4 个螺栓组合在一起。通过连接环把车钩钩头和缓冲器连接在一起，实现力和运动的传递。对连接环应进行如下检修：

1）清洁连接环的内、外表面。

2）用磁粉探伤或其他无损检测的方式进行探伤。

3）将润滑脂（Safe Coat DW 36X）涂在连接环内侧底部，不得涂在连接环和车钩钩头法兰环的工作表面。

4）用润滑脂（Rivolta GWF）保护螺纹和螺栓端部。

5）安装时，将连接环的排水孔朝下。

三、任务实施

检查车钩的各部零件。

检查项目	检查内容	图示	检查结果记录
车钩清洁	对车钩整体进行清洁，确认车钩总体无裂纹、机械变形、损伤痕迹，螺栓无松动缺失	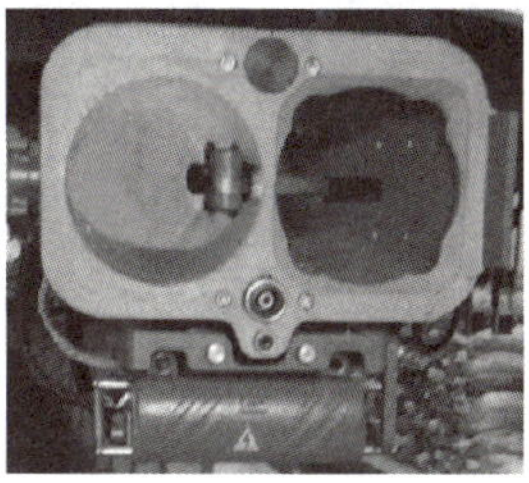	
车钩润滑	用风枪清理车钩头，使用冷镀锌对钩头表面进行防腐、防锈处理；使用 AUTOL TOP 2000 润滑脂对钩头凸、凹锥进行润滑，使用二硫化钼（MoS_2）减磨剂对钩舌及钩舌腔表面进行润滑，使用 MOLYKOTE 1000 对橡胶支撑紧固螺栓裸露螺纹面进行润滑		
接地线	确认接地线无破损，安装牢固，安装螺栓防松标记清晰		

四、任务评价

任务评价表

项目	评价标准	评价等级		
		优	合格	不合格
专业知识测评	了解车钩缓冲装置的作用			
	了解车钩缓冲装置的分类			
	认知全自动车钩、半自动车钩和半永久牵引杆			
	了解车钩缓冲装置的日常检查			
	了解车钩缓冲装置的定期检修			
专业能力测评	能检查车钩各紧固件的安装状态			
	能清洗、检查、润滑车钩及零部件			
总评及建议				

任务二　车钩参数的测量

一、任务目标

能测量钩头中心至轨顶面的距离。

二、知识准备

车钩中心线距轨面的距离称为车钩高度。《地铁车辆通用技术条件》(GB/T 7928—2003)中第7.3.3条规定"车钩水平中心线距轨面高可采用720mm或660mm。同一城市地铁车辆宜采取统一尺寸。"我国城市间铁路车辆的车钩高度规定为880mm。

三、任务实施

测量车钩高度。

检查项目	检查内容	图示	检查结果记录
车钩高度	使用工具：卷尺、水平尺、矩形管。 1）确认列车停在水平的轨道上，确认列车休眠，气压大于9bar，车内无人 2）清洁钩舌上表面的油污，清洁钢轨两侧的油污 3）将卷尺放在钩舌上表面，自然下垂，水平读取读数 4）读数数值减去27.5mm，如果数值在660~670mm之间，则数值符合标准		

四、任务评价

任务评价表

项目	评价标准	评价等级		
		优	合格	不合格
专业知识测评	了解车钩参数和工具使用方法			
专业能力测评	能测量钩头中心至轨顶面的距离			
总评及建议				

任务三　车钩电气连接装置的维护

一、任务目标

能检查、测试车钩电气连接装置。

二、知识准备

电气连接器触头与箱体为弹性连接，靠弹簧压力保证触头处于可伸缩状态，相互接触良好，保证电流畅通。箱体的一侧有一个定位销，对称侧有定位孔，两钩连挂时定位销插入对应的定位孔，以保证触头的准确连接。密封条是防雨水和灰尘的。解钩时，应将盖盖好，防止触头损坏。箱体内设有接线板，使触头的引线和从车上来的引入线对应相连；在它后部有电线孔，为防止电线磨损，设有塑料套。

电气箱外装有保护罩，当两钩连接时，电气箱可推出使其端面高于车钩端面，此时保护罩自动开启；当解钩后，电气箱退回至原位置，保护罩自动关闭。电气箱内的触点分别为固定触点和弹性触点，可保证电气连接时密接可靠。电气连接器主要应用于自动车钩上。电气连接器和电气钩头分别如图 4-17 和图 4-18 所示。

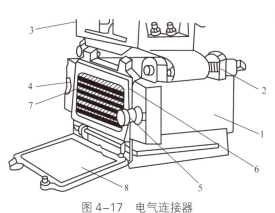

图 4-17　电气连接器

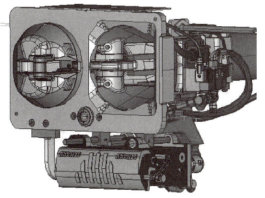

图 4-18　电气钩头

1—箱体　2—悬吊装置　3—车钩　4—定位孔　5—定位销
6—密封条　7—触头　8—箱盖

三、任务实施

检查车钩电气连接装置。

检查项目	检查内容	图示	检查结果记录
电气连接箱	车钩连挂和解钩试验必须在车钩试验台上进行。将全部组装好的全自动或半自动车钩安装在试验台上,进行车钩自动连挂和解钩的试验。连挂时要听其声音是否清脆,以判别机械钩头连接的质量。通过操纵手动解钩装置,检查手动解钩的性能是否正常		

四、任务评价

任务评价表

项目	评价标准	评价等级		
		优	合格	不合格
专业知识测评	了解车钩电气连接装置			
专业能力测评	能检查、测试车钩电气连接装置			
总评及建议				

Project 5

项目五
城市轨道交通车辆受电弓的维护

项目描述

城市轨道交通车辆受电弓是车辆牵引系统的重要组成部分。其主要的功能是从电网获取直流电源供列车牵引系统和辅助系统使用。城市轨道交通车辆受流方式有车顶受电弓从接触网受流和集电靴从第三轨受流两种,采用较多的是车顶受电弓从接触网受流的方式。作为城市轨道交通车辆维护作业相关人员,必须对受电弓的组成及功能有所了解,能根据任务要求对受电弓进行维护。

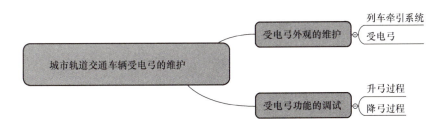

任务一 受电弓外观的维护

一、任务目标

1. 能检查受电弓框架、臂杆件、升弓弹簧、降弓缓冲装置和相关紧固件的安装状态，能检查电缆连接状态。

2. 能检查气管路连接、气阀箱，能清洁气管路外表、绝缘子和位置传感器间隙。

3. 能检查弓头、羊角外观、降弓止挡间隙。

4. 能检查碳滑板磨耗、撞击和打火情况，修磨轻微的磕碰或烧灼痕迹，测量碳滑板磨耗情况。

二、知识准备

1. 列车牵引系统

列车牵引系统是城市轨道交通车辆的核心部分，是列车的动力来源，主要实现列车的牵引工况和制动工况。牵引工况下，列车牵引系统提供牵引动力，将城市轨道交通电网上的电能转换为列车在轨道上运动的动能。

为了能够获得较好的牵引和电制动性能，城市轨道交通车辆牵引系统都是分散配置在列车上。牵引系统选型时要考虑多方面的因素，包括线路纵断面（坡度曲线）、城市轨道交通线路的站间距、线路设计运行速度等。总之，牵引系统功率配置的前提条件是能够满足列车在所运营的线路上按照设计速度进行运营。牵引系统可以按以下几种方式分类。

（1）根据城市轨道交通车辆牵引电动机的种类分类　根据城市轨道交通车辆牵引电动机的种类分类，城市轨道交通车辆牵引系统有直流传动方式和交流传动方式之分。这两种传动方式各有优缺点，随着大功率逆变技术和自动控制技术的不断发展，交流电动机能够通过变压变频技术来获得直流电动机的优点。目前城市轨道交通车辆以交流传动方式为主，国内近年的城市轨道项目基本上为交流传动技术，本书主要介绍交流传动技术。根据交流传动技术中牵引电动机形式的不同，牵引系统可以分为旋转电动机系统和直线电动机系统。旋转电动机系统城市轨道交通车辆把从电网获得的直流电通过牵引逆变器转换为变压变频的交流电，通过安装在转向架上的电动机把电能转换为动能，电动机通过"联轴节－齿轮箱－轮对"的传递途径把动能传递到列车的轴上，最终实现列车的牵引功能。直线电动机系统的电动机不需要传动装置，可以通过安装在车辆上和安装在轨道上的电动机的初级绕组和次级绕组之间的电磁力直接实现列车的牵引和电制动。

（2）根据列车动力装置的数量分类　比较常见的六节编组 A 型列车一般都是"四动两拖"的编组方式，而四节编组的城市轨道交通车辆有全动力车的动力配置方式，也有"两动两拖"的编组方式。动力数量的选择依据主要是线路的实际客流量等因素。考虑系统冗余需要，牵引系统有 1 个逆变器向 4 个电动机供电（1C4M）和 1 个逆变器向 2 个电动机供电（1C2M）两种形式。

（3）根据控制单元的控制类型分类　牵引系统可以分为直接转矩控制和矢量控制，两种控制方式各有优缺点。为了能够获得最佳的控制性能，设计人员趋向于融合两种控制方式的特点，对控制系统不断地进行优化。

城市轨道交通车辆的运行速度并不高，所以通常采用直流供电，我国采用 DC 750V 和 DC 1500V 两种电压制式。

我国常用的供电方式有接触网供电和接触轨供电两种方式。根据其供电方式的不同，电动列车的受流方式分为接触网受流和第三轨受流。接触网是沿轨道线路上空架设的特殊输电线，为电动列车不间断地提供电能，电动列车通过车顶的受电弓与接触网滑动摩擦而获得电能；电网电压为 1500V 时多采用接触网受流。接触轨是除了列车行走的两条路轨以外的带电钢轨，列车受流器在带电钢轨上接触滑行受流；电网电压为 750V 及以下时多采用第三轨受流。

牵引系统主要包括受流装置、高速断路器、接触器、线路滤波器、牵引逆变器、牵引电动机、制动电阻器、浪涌吸收器、接地装置等。牵引逆变器（VVVF）是牵引系统的主要组成部分，是最关键、最复杂的部分，是牵引系统的核心技术所在，它采用正弦脉宽调制（SPWM）技术。

牵引时，电网 DC 1500V 电压通过受流装置、主熔断器、隔离开关、高速断路器接触器、线路滤波器后，形成稳定且干净的直流电送入牵引逆变器，牵引逆变器将直流电逆变为频率和幅值可调的三相交流电，送入牵引电动机，牵引电动机将电能转化为动能。再生制动时，以相反的路径使电网吸收电动机反馈的能量，电阻制动时，牵引电动机反馈的能量经过牵引逆变器输出给制动电阻器，制动电阻通过发热将电能以热能形式耗散到空气中。

2. 受电弓

受电弓（图 5-1）也称集电弓，安装在列车顶部，是通过空气回路控制升、降动作的铰接式机械构件。在牵引工况下，它从架空接触网上集取电流传送到车辆电气系统；在再生制动工况下，经由它将电能反馈给电网。由于接触网可实现长距离供电，受线路变化影响较小，并且能适应列车高速行驶的需要，因此，较多的城市轨道交通系统采用受电弓装置受流。

图 5-1　受电弓

受电弓通过底架和支持绝缘子安装在车顶中心线上，通过弓头上的滑板与接触网接触。柔性接触网供电系统中运行的车辆，其受电弓一般安装在拖车上；刚性接触网供电系统中运行的车辆，其受电弓一般安置在动车上，以减少高压电路在车辆之间的驳接，消除拖车上乘客的安全隐患。

受电弓按照结构形式分，有单臂弓和双臂弓两种；按照升降弓驱动形式分，有气动型和电动型两种。目前，城市轨道交通系统多采用单臂式气动受电弓，它具有占用车顶空间小、重量轻、弓头质量小等特点。

受电弓的结构如图 5-2 所示。

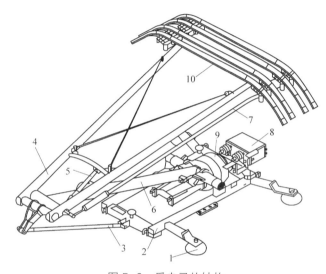

图 5-2 受电弓的结构

1—绝缘子　2—底架　3—拉杆　4—上臂杆　5—液压阻尼器　6—下臂杆
7—平衡杆　8—气源控制箱　9—气囊　10—弓头

1）底架。受电弓底架组装主要由高压接线板、导气管、底架组焊、轴承座、轴承、轴承轴、橡胶止挡、绝缘子、ADD 控制箱、铭牌组成。

2）气囊。受电弓的升弓动力来源于气囊（空气弹簧），当车内压缩空气进入气囊组装后气囊向水平方向移动，安装在气囊组装前推板上的钢丝绳推动下臂杆旋转，使受电弓升起。气囊如图 5-3 所示。

3）下臂杆。受电弓的下臂杆采用无缝钢管经机械加工后焊接组成，同时下臂杆上采用了转动轴承技术，使受电弓的转动更加灵活。

图 5-3 气囊

4）上臂杆。受电弓在设计时考虑到受电弓的受流性能和质量等，受电弓的上臂杆采用了高强度的铝合金材料，使上臂杆的受流性能明显增强，且质量减小，同时不影响上臂杆的强度。

5）液压阻尼器。受电弓的缓冲是通过安装在下臂杆和上臂杆上的液压阻尼器来实现的。通过安装液压阻尼器可使弓头的碳滑条有很好的随网性。液压阻尼器能在 $-40 \sim 100℃$ 环境下使用。

6）拉杆。拉杆由无缝不锈钢管和重型自润滑的关节轴承组合而成。当拉杆绕底架的回转中心转动时，受电弓弓头的位置被改变。

7）平衡杆。平衡杆使受电弓弓头在整个工作高度范围内（包括升到最大高度）保持水平，车辆运动过程中通过缓冲调整装置消除外力对弓头在运动过程中的干扰。

8）软连线。为了避免电流通过轴承时造成发热使轴承损坏，受电弓在每个转动部位都加装了一定数量的软连线，可对各转动部位的轴承起到保护作用。

9）弓头。受电弓弓头采用两根滑板条，同时横托架内设计有减振弹簧，受电弓在受力作用时可有效地保护滑板条。

10）气源控制箱。气源控制箱安装在受电弓底架上，主要由控制箱体、过滤器、精密调压阀、节流阀和快排气阀等组成。安装在气源控制箱体内的精密调压阀可以调节受电弓静态压力。精密调压阀有很高的灵敏度，可在 $0.01 \sim 1.0$ MPa 的范围内对压力进行调节。

三、任务实施

检查受电弓各部零件。

检查项目	检查内容	图示	检查结果记录
清洗	用汽油棉丝清洗各部油垢，用压缩空气吹干，各转轴、轴套、轴承、轴承体腔、轴销等均用白布擦净		
绝缘子维护	检查表面状态，要求绝缘子表面光洁，不能有裂纹		

（续）

检查项目	检查内容	图示	检查结果记录
平衡杆、推杆各部的维护	要求各轴销不能有过量磨损及变形，平衡杆不能有变形、残损，其他部件应齐全完好		
上框架、下臂杆部的维护	检查下臂杆、销子、挡圈、轴承盖、转臂、轴键等的状态。要求各轴承不能有锈蚀，滚珠不得磨损变形，各部分配合不松弛，转动灵活，不得有变形、残损，其他部件应齐全完好		
升弓弹簧部件的维护	检查时用卷尺测量弹簧自由高度，用游标卡尺测量各轴销、转轴直径。要求弹簧不能有变形、残损，各部件不能有变形、过量磨损		
气阀箱部件的维护	检查气阀箱壁是否有拉伤、残损、锈蚀；测量轴销、转轴直径、轴套内径和外径；检查并测量降弓弹簧自由高度；更新气阀箱油封。要求各部件齐全，不能有变形、残损	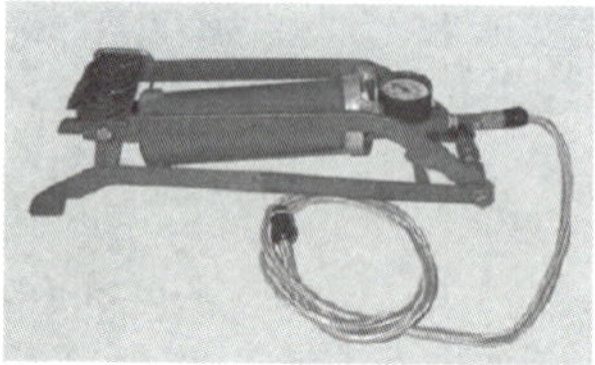	
弓头的维护	检查弓头、羊角外观应无变形、破损		
碳滑板的维护	测量碳滑板磨耗情况		

四、任务评价

任务评价表

项目	评价标准	评价等级		
		优	合格	不合格
专业知识测评	了解列车牵引系统			
	认知受电弓			
专业能力测评	能检查受电弓框架、臂杆件、升弓弹簧、降弓缓冲装置和相关紧固件的安装状态,能检查电缆连接状态			
	能检查气管路连接、气阀箱,能清洁气管路外表、绝缘子和位置传感器间隙			
	能检查弓头、羊角外观、降弓止挡间隙			
	能检查碳滑板磨耗、撞击和打火情况,修磨轻微的磕碰或烧灼痕迹,测量碳滑板磨耗情况			
总评及建议				

任务二　受电弓功能的调试

一、任务目标

能检查升、降弓高度、时间和动作,测量静态接触力。

二、知识准备

1. 升弓过程

首先开启空气压缩机,当气压达到受电弓额定工作气压时,按下升弓按钮,压缩空气经车内电磁阀、气源控制箱进入气囊,气囊膨胀推动钢丝绳,钢丝绳带动下臂杆做旋转运动,下臂杆在拉杆协助下托起上臂杆及弓头。弓头在平衡杆作用下,在工作高度范围内始终保持水平状态,并按规定的时间平稳地升至网线高度,完成整个升弓过程。

2. 降弓过程

按下降弓按钮,气源控制箱释放气囊中的压缩空气,受电弓在重力作用和液压阻尼器的辅助作用下平稳地落到底架上的橡胶止挡上,完成整个降弓动作。

三、任务实施

测试受电弓功能。

检查项目	检查内容	图示	检查结果记录
升弓	受电弓弓头从离开橡胶止挡开始动作到最高工作位置的时间为 8s±1s，整个升弓过程受电弓运动平稳，对接触网无有害冲击		
降弓	受电弓从最高工作位置下降到静止位置的时间为 7s±1s，整个降弓过程中受电弓运动平稳，对受电弓底架和车顶无有害冲击		

四、任务评价

任务评价表

项目	评价标准	评价等级		
		优	合格	不合格
专业知识测评	了解升弓过程和降弓过程			
专业能力测评	能检查升、降弓高度、时间和动作，测量静态接触力			
总评及建议				

Project 6
项目六
城市轨道交通车辆空调设备的维护

项目描述

空调系统作为城市轨道交通车辆的重要设备，不仅直接控制列车内部温度稳定，而且有助于列车内部空气流通，直接影响到乘客的乘车体验与舒适程度。城市轨道交通车辆具有载客量大、车厢封闭及人流量密集等特点，因此易在车厢内集聚有害气体，空调系统的正常工作对提高空气质量有至关重要的作用。加强对城市轨道交通车辆空调系统的检修工作是空调系统稳定、正常工作的重要保证，而对空调系统的检修是一项复杂的系统性工程，应在检修过程中坚持科学的原则。

城市轨道交通车辆空调设备

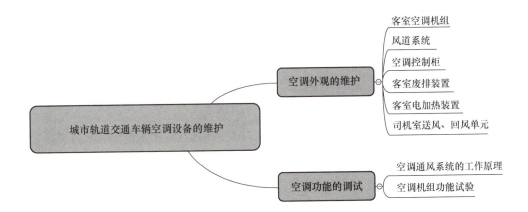

任务一　空调外观的维护

一、任务目标

1. 能操作开、关空调盖板，更换混合风过滤网，清洁新风滤网。
2. 能清洁窥视镜并观察湿度。
3. 能检查气液分离器及储液器，清理、疏通空调机组冷凝液排放孔。
4. 能检查空调机组箱体外观状态、电缆连接器安装情况、冷凝风机扇叶运转工况。
5. 能检查空调控制柜。

二、知识准备

城市轨道交通车辆的空调通风系统通常具有通风、制冷、制热等功能，它是把经过处理后的空气按一定的方式及流速送入客室内，并将室内的污浊空气排出车外，从而控制客室内空气温度、湿度及清洁度，以提高车内舒适性，改善乘车环境的系统。空调模型和实物如图6-1所示。

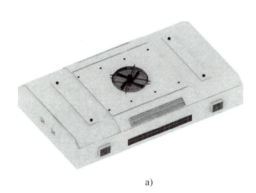

　　　　　　a)　　　　　　　　　　　　　　　　b)

图6-1　空调模型和实物

a）模型　b）实物

空调系统按功能可划分为以下几个子系统。

（1）通风系统　通风系统一般为强制通风，强制通风是指将车外新鲜空气吸入并与车内再循环空气混合，在滤清灰尘和杂质后，通过风机压送分配到客室内。

（2）空气冷却系统（制冷系统）　空气冷却系统一般采用蒸气压缩式制冷设备，对客室内的空气进行降温、减湿处理，使客室内空气的温度与相对湿度保持在规定的范围内。

（3）空气加热系统　空气加热系统在低温时对进入客室内的空气进行预热和加热。部分地区的城市轨道交通车辆客室根据需要还设有客室电加热器,以保证客室内空气的温度在规定的范围内。

(4)空气加湿系统 空气加湿系统在客室内空气相对湿度较低时,对空气进行加湿处理,保证客室内空气的相对湿度在规定的范围内。目前,国内城市轨道交通车辆空调装置一般不具备加湿功能,只在某些特殊要求的车辆上才设有此系统。

(5)控制系统 控制系统控制各空调系统按给定的方案协调、有序地工作,以使客室内的空气参数控制在规定的范围内,并对空调装置起到保护作用。

考虑到实际运行特点和运营需要,城市轨道交通车辆空调系统一般具有以下特点:

1)小型轻量化。由于受到质量、体积、车辆限界等的限制,空调机组等设备要做到尽量减小体积、质量,以满足在隧道内等特殊运营条件的要求。

2)自动化程度高。因城市轨道交通车辆运行中并不专门配置设备操作及巡检人员,因此要求系统具备集中控制、自我检测、自我调节和恢复的功能。

3)可靠性高。空调机组除了要抗振、耐腐蚀之外,系统各软、硬件要保证有很高的可靠性,在系统的设计上必须考虑紧急情况下的运转要求,以满足乘客的安全需要。

4)便于维护。由于受到场地和检修停时等的限制,空调机组、系统部件要尽量方便检修、维护和更换,系统要具备能够储存必要的运行数据和自我诊断的功能,以保证检修人员能方便地修复系统。

5)噪声较小。设计上要考虑尽可能减小车辆噪声对环境的影响,选用低噪声的设备,如低噪声风机。

空调系统一般包括2台客室空调机组、1套风道系统、1套空调控制柜、客室废排装置(Tc车有2个,M、To车有4个)、客室电加热装置(共6套)、1台司机室送风单元(仅T车)、1台司机室回风单元(仅Tc车)。

顶置单元式空调机组与客室内的风道连接,具有通风、全冷、半冷、全暖、半暖等功能,达到夏季除湿、降温,春、秋季通风换气,冬季采暖的目的。

1. 客室空调机组

空调机组各零部件组装在一个不锈钢板制成的箱体内,箱体主体分为蒸发室、冷凝室和压缩机室3个部分,加盖板后形成一个整体。空调机组的箱体和上盖全部采用不锈钢板制成。组成制冷系统的部件及配管全部用银钎焊连接,构成全封闭的制冷循环系统,制冷剂封闭在制冷系统内。

空调机组的主要部件包括全封闭制冷压缩机2台、冷凝机2台、毛细管2组、热力膨胀阀2个、蒸发器2台、气液分离器2个、干燥过滤器2个、送风机(离心风机)2台、冷凝风机（轴流风机）2 台、电磁阀 2 个、高压压力开关 2 个、低压压力开关 2 个、回风调节阀（回风阀）1 个、新风调节阀（新风阀）1 个、新风滤网 2 个、新风温度传感器 1 个、回风温度传感器 1 个等。空调机组的回风口在机组底部中间处，回风口处装有回风过滤网，对车内循环空气进行过滤；送风口在机组底部两侧，均与客室相连；新风口在机组两侧，装有新风过滤网及挡水百叶，可在车上拆装新风过滤网；新风出口处装有新风阀，回风口处装有回风阀，可根据空调的工作模式进行风量调节。新风过滤器如图 6-2 所示。

下面分别介绍蒸发室、冷凝室及压缩机室这 3 个主体机室。

（1）蒸发室 蒸发室位于室内侧，主要由以下部分构成：

1）蒸发器（图 6-3）。蒸发器框架采用具有高强度及刚度的不锈钢材料，框架结构为内螺纹铜管套亲水膜铝翅片，翅片形状及间隔易于清洗和维护。

图 6-2 新风过滤器

经毛细管或膨胀阀节流降压后的气液混合制冷剂在蒸发器内蒸发，当车内循环空气和新鲜空气混合后，通过蒸发器时进行热交换。这时，空气的热量被蒸发器内的制冷剂吸收，温度降低，而制冷剂经过蒸发膨胀变成低压气体后返回到压缩机。蒸发器下部设有接水盘及排水管，可将冷凝液排至车下。

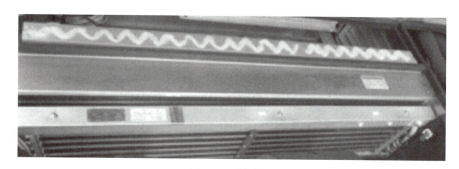

图 6-3 蒸发器

2）毛细管。节流装置采用毛细管，为一组高阻尼的铜筒。当常温高压的制冷剂液体流经毛细管时被节流降压，从冷凝器出来的常温高压的制冷剂液体变成低温低压的气液混合体。节流毛细管没有运动部件，可靠性高。同时，由于节流毛细管为焊接连接，可减小泄漏的可能性。

热力膨胀阀（图 6-4）允许液体以适当的量进入蒸发器，以便制冷剂在蒸发器中得到有效蒸发，确保制冷剂系统中高、低压侧间有足够的压力差。热力膨胀阀由一个通过毛细管与感温包相连的阀体组成。阀体安装在液体管路上，感温包固定在蒸发器出口的压缩机吸气管路上。感温包里有一定容量的制冷剂。感温包、毛细管和阀上面的空间里都充满了一定压力的饱和蒸气，此压力为感温包温度对应的压力。膜片下面的空间与蒸发器后的吸气管路相连，因此，此处的压力为蒸发压力。热力膨胀阀的开启度由膜片上、下的压力差决定，即由蒸发器的蒸气压力和感温包里的充注压力产生的压差决定。由于感温包是和吸气管接触的，此感温包的压力取决于该管路的温度，这样膨胀阀的开启度就变得可控。热力阀配有与蒸发器出口管路相连的压力平衡管，其位置靠近感温包，其功能是补偿由分配器和蒸发器表面引起的压降。

a)   b)

图 6-4 热力膨胀阀

3）送风机（离心风机）（图 6-5）。送风机采用三相异步电动机驱动，由辅助逆变器供电，供电电源为 AC 380V/50Hz，设有过载、短路和缺相保护，可在潮湿多尘环境中工作。通风机采用叶片式离心风机，具有高效、低能耗和低噪声的特点，能够强化制冷剂在蒸发器中的蒸发过程，并能将经蒸发器冷却降温的空气送入车内。

4）气液分离器。气液分离器设置在压缩机前，一般用于分离蒸发器所排出的低压蒸气中的未蒸发的液滴，然后将制冷剂气体和压缩机润滑油送入压缩机，防止压缩机产生液击现象。

图 6-5 送风机（离心风机）

5）新风调节阀。新风口设有电动新风调节阀，在制冷模式下可自动实现 4 档调节，用于开、关新风口，其开度可根据不同工作模式及乘客载荷要求进行开度控制。新风调节阀与新风滤网搭配使用，过滤新风。每台空调机组安装 2 个新风滤尘网，安装在新风口内，用以过滤新风中的灰尘和杂物。在新风口还装有新风温度传感器。

6）回风调节阀。回风口设有电动回风调节阀，调节新风与回风混合的比例。在应急通风状态时，回风口全部关闭。在回风口处还装有回风过滤器和回风温度传感器。回风过滤器用以去除回风中的灰尘和杂物。回风温度传感器用于采集温度，合理调节控制模式。

新风调节阀与回风调节阀在空调系统不同工作模式下的开、闭状态见表 6-1。

表 6-1　新风调节阀与回风调节阀在空调系统不同工作模式下的开、闭状态

工作模式	新风调节阀	回风调节阀
预冷	关	开
制冷	开	开
正常通风	开	开
紧急通风	开	关

（2）冷凝室　冷凝室位于室外侧，主要由以下部分构成：

1）冷凝器（图6-6）。空气冷却式冷凝器框架采用具有高强度及刚度的不锈钢材料，框架结构为内钢管套亲水铝翅片，翅片形状及间隔易于清洗和维护，冷凝器将制冷剂冷凝，借助于轴流风机从机组两侧吸入室外空气，并与冷凝器管内制冷剂进行强制热交换，然后向机组上方排出热风，从而完成热量的交换，高温蒸气（制冷剂）被冷却凝结成中温高压的制冷剂液体。

2）冷凝风机（轴流风机）。冷凝风机（图6-7）采用低声轴流式防水风机，设有过载、短路和缺相保护，可露天使用，能够将外界的冷却空气由两侧吸入，均匀通过冷凝器换热表面，从风机顶部排出，增加散热效果，强化制冷剂在冷凝器中的冷凝放热过程。冷凝风机与压缩机设有联锁装置，冷凝风机不运转，压缩机就不能运转，由于电动机采用护罩轴承，可长期使用而不需要润滑。

图6-6　冷凝器

图6-7　冷凝风机

3）逆止阀。逆止阀安装于压缩机排气管上，在压缩机停止工作时，它能防止制冷剂液体从排气管逆流回压缩机组。

（3）压缩机室　压缩机室位于室外侧，主要由以下部分组成：

1）压缩机（图6-8）。每台空调机组设有2台全封闭涡旋压缩机，通过2台压缩机工作状态组合可实现空调机组多级能量控制，要求压缩机结构紧凑、性能安全可靠。压缩机内部设有过热保护器件；制冷系统设有高、低压力保护装置，可保护压缩机正常工作，设计寿命不少于50000h，2台压缩机可实现顺序起动，均衡工作，运转台数及各压缩机工作状态可根据负荷大小进行控制。

压缩机的作用是将来自蒸发器的低温低压的制冷剂气体压缩成高温高压的气体，并送往冷凝器。

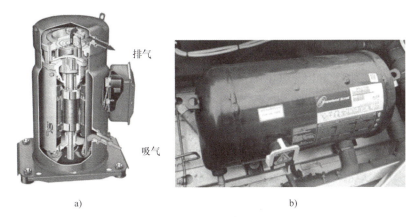

图 6-8　压缩机

2）干燥过滤器（图 6-9）。干燥过滤器用于过滤制冷剂中的残余杂质，吸收制冷剂中的残留水分和酸性物质，防止金属表面锈蚀，以及油和制冷剂分解，防止电动机烧坏，防止制冷剂系统管路发生冰堵、脏堵现象，降低压缩机磨损，保证压缩机使用寿命。干燥过滤器由一个实体吸水模块组成，此模块由分子和活性氧化铝，以及一个金属过滤器组成，由于制冷系统中最容易堵塞的部位是毛细管（或膨胀阀），因此干燥过滤器通常安装在冷凝器与毛细管（膨胀阀）之间。

3）湿度指示器。一般情况下，湿度指示器位于干燥过滤器之后。系统中多余水分的指示是通过观察此装置的窥视镜来确定的。通过窥视镜能够清楚地观察到制冷剂液体，可查看是否有气泡进入和其他异常情况。

4）电磁阀。电磁阀用于自动接通和切断制冷剂循环系统的管路，安装在冷凝器出口处，它能防止压缩机停止时制冷剂液体倒流入压缩机。电磁阀的安装位置应尽量靠近膨胀阀，由于膨胀阀本身无法关严，因此需利用电磁阀切断供液管路。电磁阀分为阀体和线圈两部分。线圈通断电产生磁场，控制阀体内的开关，从而断开或开启制冷系统回路。液路电磁阀如图 6-10 所示。

图 6-9　干燥过滤器

图 6-10　液路电磁阀

5）高、低压压力开关（图6-11）。制冷剂蒸气在压缩机内部可能出现压力过低或过高的现象，为保护压缩机，系统中设置有高、低压压力开关，当制冷系统的排气压力过高或吸气压力过低时，压缩机将停止运转。高、低压压力开关分别设在压缩机出口、进口管路上，其复位方式为自动复位。

（4）其他阀类零件　除以上各室的重要零部件之外，制冷循环系统管路上还安装有以下几种阀：

图6-11　高、低压压力开关
1—高压开关　2—低压开关

1）旁通电磁阀。其作用为保证压缩机在长时间停止后，在温度较低的情况下起动时的轴承润滑。旁通电磁阀需在一定时间内（从压缩机起动开始30s）打开。在压缩机停机时，旁通电磁阀能促进压缩机内积存的制冷剂液体蒸发。

2）容量控制电磁阀。此电磁阀可以控制压缩机的容量，通过2个电磁阀的开、闭进行全运转及控制容量运转（约70%）的切换。当打开高压侧，关闭低压侧时，为全运转状态；当打开低压侧，关闭高压侧时，为控制容量运转状态。有些空调机组内安装有该装置，用于在压缩机起动时减轻压缩机负载（与压缩机同时得电，40s后失电），可有效延长压缩机的使用寿命。

3）截止阀。截止阀安装在制冷设备和管路上，用于接通和切断制冷剂通道。

4）止回阀。止回阀等同于单向阀，限定制冷剂单向流动。

5）填充阀。填充阀一般用于加注或回收制冷剂。

2. 风道系统

空调通风系统的风道系统布置在客室顶板上，贯通整车，采用静压送风方式，通过沿车长方向布置的条缝式送风口向车内送风。空调机组下部出风、下部回风，送风道内粘贴吸声隔热材料，并控制风道内风速，能有效降低系统噪声。

风道回风口与客室内顶板上回风格栅相连，通过送风格栅将空调处理过的空气均匀送到客室内，车内部分空气可经回风口回到机组和新风混合，经过冷热交换后送入车内二次利用。

3. 空调控制柜

每节车设一台空调控制柜（图6-12），控制本车两台空调机组、客室电加热装置，头车空调控制柜还控制司机室送风单元和回风单元。空调控制系统控制盘外围采用接触器、断路器、继电器、传感器等控制元件，共同完成空调系统的控制、保护和故障诊断，采集各传感器及各元件的保护信息，进行数据的运算、处理。空调控制系统通过控制空调机组使车内保持舒适的环境。

列车管理系统（TMS）通过客室空调控制柜控制客室空调机组和客室电加热装置，实现对空调系统的预冷、预热、通风、半冷、全冷、半暖、全暖工况的控制，保证空调机组压缩机、冷凝风机、通风机、预热器和客室电加热器等在正常电压下可靠地工作，同时对空调电气系统运行中出现的有关故障进行诊断、指示并保护，便于检修和查找故障。

4. 客室废排装置

每辆车在车顶端部设有废排通风器。废排通风器为自然通风口型，通过车内正压将客室内的废气排出车外，以防客室内正压过高造成的新鲜空气输入量减少。

5. 客室电加热装置

客室电加热装置是在环境温度较低时或者某些特殊环境下为城市轨道交通车辆客室提供热量、保证室内温度的电加热设备。电加热装置的设计优先采用绿色环保材料，一般安装在客室座椅下面，要求安装座牢固、可靠，电热罩板表面清洁。在满足车辆运行的安全性、功能性的前提下，电加热装置应采用模块化设计，零部件设计应具有可靠性、互换性、耐磨性及耐腐蚀性等。

图 6-12 空调控制柜

6. 司机室送风、回风单元

司机室的空调机组如图 6-13 所示。司机室送风单元从相邻客室空调机组引入经过处理的空气，通过送风道，经过风机增压后由可调节风口均匀吹出，实现司机室空气调节。风量的调节可以通过司机室控制柜上的开关进行调节，开关设有不同档位，分别为停止、低速、中速、高速。

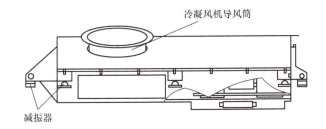

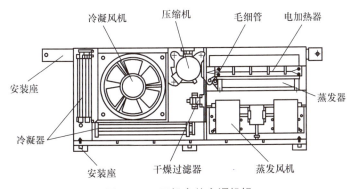

图 6-13 司机室的空调机组

司机室的废气由设于隔门上和继电器柜上部或下部的回风装置通过压差吸入,将司机室的废气排至客室,最终经客室废排装置排出车外。司机室送风单元和回风单元联动,司机可以根据实际情况对送风、回风单元进行联动的风量调节。空调机组的外观结构如图6-14所示。

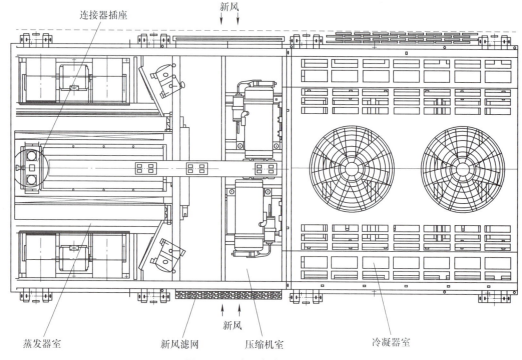

图6-14 空调机组的外观结构

三、任务实施

检查空调各部零件。

检查项目	检查内容	图示	检查结果记录
过滤网的更换及清洁	打开空调的盖板,取下混合风过滤网,更换过滤网。清洁新风过滤网		

（续）

检查项目	检查内容	图示	检查结果记录
风机的维护	检查冷凝风机叶轮转动是否有异响或刮碰痕迹		
空调机组外观的维护	确保表面清洁、无污物		
连接部位的维护	检查所有的电气连接部位、电缆、接地装置等，要求连接无松动，电缆表面无破损老化，接头接触良好		
空调控制柜维护	检查控制柜有无破损，是否正常		

四、任务评价

任务评价表

项目	评价标准	评价等级		
		优	合格	不合格
专业知识测评	了解客室空调机组			
	认知风道系统、空调控制柜、客室废排装置			
	认知客室电加热装置、司机室送风、回风单元			
专业能力测评	能操作开、关空调盖板，更换混合风过滤网，清洁新风滤网			
	能清洁窥视镜并观察湿度。			
	能检查气液分离器及储液器，清理、疏通空调机组冷凝液排放孔			
	能检查空调机组箱体外观状态、电缆连接器安装情况、冷凝风机扇叶运转工况			
	能检查空调控制柜			
总评及建议				

任务二　空调功能的调试

一、任务目标

能操作空调切换工况，能判断控制器显示工况是否正常。

二、知识准备

1. 空调通风系统的工作原理

制冷剂由压缩机压缩成高温高压的制冷剂蒸气，进入冷凝器，经外界空气的强制冷却，冷凝成常温高压的液体，进入节流装置节流降压成为低温低压的液态制冷剂，然后进入蒸发器吸收流过蒸发器的空气热量变成低温低压的蒸气，再经过气液分离器分离出制冷剂气体，被压缩机吸入，完成一个封闭的制冷循环，压缩机不断工作达到连续制冷的效果。

车室内循环空气及由新风口通过通风机吸入的新鲜空气，经机组的送风机（离心风机）吸入，在蒸发器前混合，经过过滤后通过蒸发器得到冷却，由机组出风口送入车顶通风道各格栅后进入客室内部。客室内部的空气经循环后，一部分经回风口进入空调机组内部被重新冷却，一部分经车顶回风（废排）装置排出车体外。在空调机组回风口和新风口附近均安装有温度传感器，可用于向空调控制器提供温度信息，从而实现自动调整车内空气温度。空调系统的不同工作模式由回风阀和新风阀的开闭进行控制，自动实现预冷、制冷和通风功能。制冷系统中冷凝器的冷凝是借助于冷凝风机（轴流风机）从机组两侧吸进外界环境空气，空气经过冷凝器后向机组上方排出，带走冷凝器冷凝过程中产生的热量。空调通风系统的工作原理如图 6-15 所示。

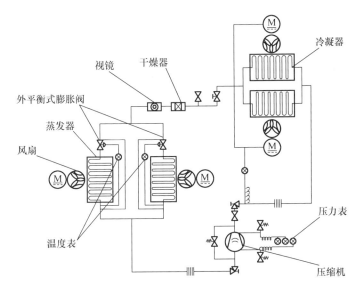

图 6-15　空调通风系统的工作原理

空调机组的加热工况主要用于在寒冷季节时对送入车内的新鲜空气进行预热。车内的循环空气和外部的新鲜空气组成的混合空气被机组的送风机吸入并在电加热器前混合，通过电加热器加热，温度升高后被送入车内风道各格栅，向车内送热风，使温度逐渐上升，车内温度由温度调节器自动调节。热泵型空调运行原理如图 6-16 所示。电热装置的设计优先采用绿色环保材料，在满足车辆运行的安全性、功能性的前提下，应采用模块化设计，零部件设计应具有可靠性、互换性、耐磨性及耐腐蚀性等。

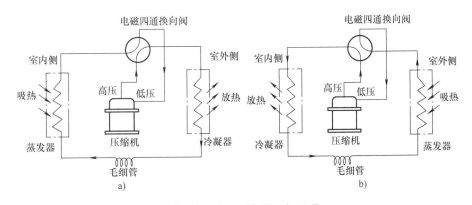

图 6-16　热泵型空调运行原理
a）制冷工况　b）制热工况

一般南方地区的城市轨道交通车辆除司机室设有电加热采暖装置之外，客室无须制热采暖；北方地区采用电加热制热方式进行采暖。

现有城市轨道交通车辆空调机组按照控制系统要求有以下几种运行模式。

（1）通风、半冷和全冷　网络正常时，空调采用集控模式，通过司机室TMS监控显示屏发送通风、半冷和全冷工况指令即可；网络故障或单车调试时，采用本控通风、本控半冷、本控全冷。通风、半冷和全冷指令不受设定制冷目标温度值控制，只要车外温度（新风温度）不低于19℃，半冷和全冷就可以启动。

（2）半暖和全暖　网络正常时，空调采用集控模式，通过司机室TMS监控显示屏发送半暖、全暖工况指令即可；网络故障或单车调试时，采用本控半暖、本控全暖。半暖和全暖指令不受设定的制暖目标温度值控制。

（3）自动冷　网络正常时，空调采用集控模式，通过司机室TMS监控显示屏发送自动冷工况指令即可；网络故障或单车调试时，打至本控自动冷位，配合转换开关的使用可调节制冷目标温度。自动冷受设定的制冷目标温度值控制，在车外温度（新风温度）不低于19℃时，PLC通过检测车内温度（回风温度），根据自动制冷模式曲线，可实现通风、半冷、全冷工况的转换。

（4）自动暖　网络正常时，空调采用集控模式，通过司机室TMS监控显示屏发送自动暖工况指令即可；网络故障或单车调试时，打至本控自动暖位，配合转换开关的使用可调节制暖目标温度。自动暖受设定的制暖目标温度值控制，PLC通过检测车内温度（回风温度），根据制暖模式曲线，可实现通风、半暖、全暖工况的转换。

（5）预冷　当车内温度（回风温度）不低于32℃时，进入预冷工作状态，此时新风阀全关，回风阀全开；当客室温度降到30℃或预冷30min后，结束预冷，此时完全打开新风阀，回风阀保持全开状态，送入客室的是新风和回风的混合风。

（6）预暖　当车内温度（回风温度）不高于14℃时，进入预暖工作状态，此时新风阀全关，回风阀全开；当客室温度升到16℃或预热30min后，结束预暖，此时完全打开新风阀，回风阀保持全开状态，送入客室的是新风和回风的混合风。

（7）紧急通风　网络正常时，空调采用集控模式，通过司机室TMS监控显示屏发送紧急通风工况指令即可；如果网络未通，则通过线号接入信号，此时制冷停机，应急通风系统在交流辅助电源设备故障的情况下，通过蓄电池组经调频调压逆变电源自动启动，向客室、司机室提供全部新风。当交流辅助电源供电正常时，空调系统自动转入正常工作状态。当机组任何一个通风机故障时，两个通风机都停机。

（8）电源故障减载　电源故障减载以集控模式控制。在一台SIV（辅助逆变器）故障情况下，列车实行扩展供电，由另一台SIV对全列的空调等交流负载供电，两台空调机组均运行在半载工况直至断电。闭合空气开关，如果SIV电源电压正常，继电器吸合，继电器上的指示灯亮绿色。

2. 空调机组功能试验

（1）操作空调设备之前需检查的项目

1）空调设备与车体之间接地线是否完全接上并紧固。

2）客室温度是否高于制冷运行控制器设定温度。

3）空调设备是否供电。

4）排水孔、排水管道是否经过适当清洗，无堵塞。

5）是否安装了干净的回风过滤器和新风过滤器。

6）车内、外温度低时，若进行手动操作，需注意：

① 若压缩机在蒸发器进气温度为20℃时工作，蒸发器会产生结冰现象，造成压缩机损坏。

② 蒸发器进气温度小于或等于20℃时，压缩机工作时间不能超过2min。

③ 蒸发器进气温度小于或等于10℃时，压缩机不得工作。

在高温的情况下，当空调运行数小时后，由于客室内异常高的温度为空调运转施加负荷过多，压缩机保护装置可能工作，在这种条件下应由控制程序控制空调转入通风模式或其他模式。尤其注意在高温条件下重复起动和停止压缩机可能导致压缩机的损坏。

（2）试运转

1）风机旋转方向检查。

① 送风机。送风机工作时，空气通过出风口集中排向车顶风道。这时若只有少量风排出，可能的原因是进气口堵塞或电动机反转，应检查进气口和电路连接。

② 冷凝风机。冷凝风机工作时，空气从车的两侧吸入，排向车上部。若冷凝风机反转，将导致压缩机压力逐渐升高，使高压压力开关动作，应检查进气口和电路连接。

注意：在检查风机旋转方向时，任何情况下都严禁将手放入进气口，并确保进气口处无其他异物（工具等），否则会引起人身伤害或损坏风机。另外，在检查电路连接之前，必须确保电源已关闭，否则会导致电击事故。

2）工作噪声检查。

① 电动机驱动压缩机噪声检查。如果电动机驱动压缩机产生任何振动或噪声，需检查压缩机安装螺栓是否松动。如果压缩机安装正确且无松动现象仍产生振动或噪声，可能为压缩机本身故障，需检查压缩机。

注意：在检查部件之前，应确保电源已关闭，若带电检查会导致电击事故。在压缩机停止运转时，其温度仍很高（100℃或以上），务必十分小心，切勿用手碰压缩机及其管路以防烧伤。

② 送风机和冷凝风机噪声检查。如果送风机或冷凝风机产生异常振动或噪声，需检查相应风机安装螺栓是否松动。如果风机安装正确仍产生振动或噪声，可能为电动机轴承有故障或叶轮不平衡，需检查这些部件。

注意：检查部件时，任何情况下均严禁将手放入进气口。风机高速运转，非常危险，严禁让任何异物（工具等）进入进气口，会引起人身伤害或损坏风机。在检查电路连接之前必须确保电源已关闭，带电检查会导致电击事故。

3）冷气出口温度检查。确保所有部件正常后，进行约20min制冷工作，测量蒸发器进气口和排气口空气温度，确定两处温度差为12℃±2℃。如果温度差很大（超过15℃），蒸发器可能被堵塞，需对其进检查。

（3）操作电加热器注意事项　电加热器的工作可靠性会直接影响到列车的行车安全。电加热器操作不当，将有可能引起列车的火灾事故。在电加热器运转操作过程中，必须注意以下几点。

1）通电前检查。

① 检查电加热器电路中各处接线是否完好。

② 检查温度继电器、温度熔断器及其他保护装置是否正常。

③ 检查通风机的接触器、热继电器是否良好。

④ 将电热管上及其周围的附着物和杂物清理干净。

2）开、关机顺序。

开机时，先开通风机，确认通风机工作后，才可开电加热器运转；关机时，先关电加热器，让通风机继续运转超过3min后才可关断通风机。

3）开机后的检查。

① 检查通风机工作是否正常。

② 观察电加热器的工作情况及工作电流。

三、任务实施

调试空调功能。

检查项目	检查内容	图示	检查结果记录
空调工况切换	在操作台切换工况，检查控制器显示工况是否正常	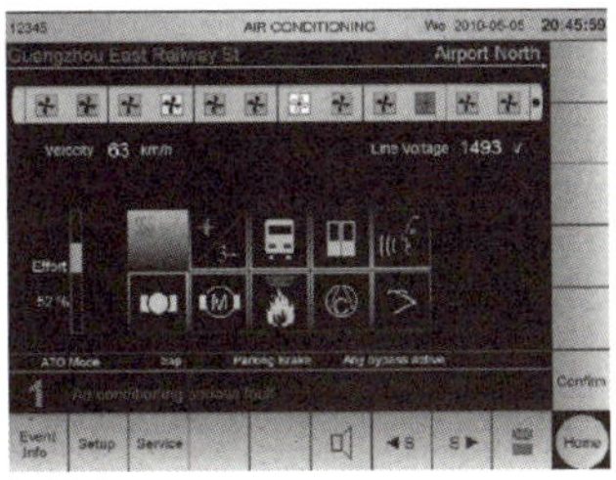	

四、任务评价

任务评价表

项目	评价标准	评价等级		
		优	合格	不合格
专业知识测评	了解空调通风系统的工作原理			
	了解空调机组功能试验			
专业能力测评	能操作空调切换工况，能判断控制器显示工况是否正常			
总评及建议				

篇目二
城市轨道交通车辆转向架的维护

转向架是城市轨道交通车辆的重要组成部分之一,用来牵引和引导车辆沿着轨道行驶,承受与传递来自车体及线路的各种载荷。在转向架运行过程中可能会出现各种损伤,需要进行日常维护和定期检修。

转向架是支撑车体及其载荷并引导车辆沿着轨道运行的走行装置。它能使城市轨道交通车辆顺利通过曲线,保证车辆在曲线上的运行安全。转向架上的弹簧减振装置可有效地缓解车辆与线路间的冲击,改善城市轨道交通车辆运行品质。转向架上安装的制动装置能实现列车的速度调整和停车,满足安全运行的要求。动车转向架上设有牵引电动机和驱动装置,可以产生足够的牵引力,以驱动车辆运行。转向架模型如图P2-1所示。

转向架是城市轨道交通车辆最重要的组成部件之一,它的结构是否合理直接影响车辆行车安全、运行品质和动力学性能。为了保证城市轨道交通车辆的曲线通过性,在车体和转向架之间设有心盘或回转轴,转向架可绕心盘或回转轴产生相对于车体的转动。由于车辆在线路上运行,通过道岔、弯道及车辆加、减速时产生的各种冲击和振动会影响乘客乘坐的舒适性和车辆运行的安全,所以在转向架上对应设

图 P2-1 转向架模型

有弹簧减振装置和制动装置。转向架应保证车辆以最小的阻力在轨道上安全、平稳、高速地运行,顺利通过道岔及曲线,并应保持摩擦制动作用,保证列车的减速和停车。

转向架可根据不同的分类形式划分为不同类型。

(1)按转向架的轴数分类 转向架主要分为2轴、3轴和多轴转向架。一般铁道机车车辆有2轴转向架、3轴转向架和4轴转向架(极少数)等形式。城市轨道交通车辆通常只有2轴转向架,部分轻轨车辆上有时可见单轮对(或轮组)转向架。

(2)按弹簧装置形式(悬挂方式)分类 转向架分为一系悬挂转向架和二系悬挂转向架。一系悬挂转向架仅在轮对轴箱与构架间,或者仅在构架与车体间设有弹簧减振装置,适用于中、低速车辆,如图P2-2a所示。二系悬挂转向架除在轮对轴箱与构架间有弹簧减振装置外,在构架与车体间还设置二系悬挂装置,适用于高速机车车辆。现今城市轨道交通车辆多采用二系悬挂转向架形式,如图P2-2b所示。

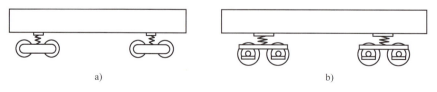

图 P2-2 一系悬挂转向架和二系悬挂转向架

a)一系悬挂转向架 b)二系悬挂转向架

（3）按轴箱定位形式分类　轴箱定位装置是指约束轮对轴箱与构架之间相对运动的机构，它对转向架的横向动力性能、曲线通过性能和抑制蛇行运动失稳起着重要作用，能够保证车辆在通过曲线时具有良好的导向性能，可减轻轮缘与钢轨间的磨耗和噪声，确保运行安全和平稳。

常见的轴箱定位装置的结构形式（图 P2-3）有如下几种：

1）拉板式轴箱定位，如图 P2-3a 所示。

2）拉杆式轴箱定位，如图 P2-3b 所示。

3）转臂式轴箱定位，如图 P2-3c 所示。

4）层叠式橡胶弹簧轴箱定位（又称八字形或人字形橡胶定位），如图 P2-3d 所示。

5）干摩擦式导柱轴箱定位。

6）导框式轴箱定位。

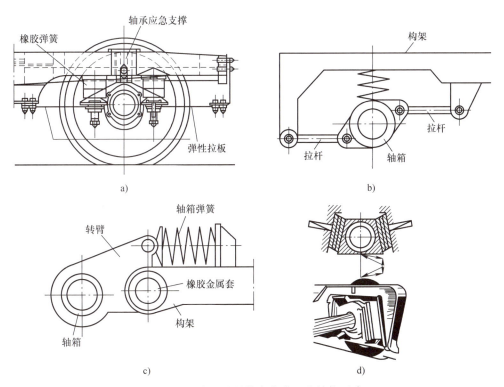

图 P2-3　常见的轴箱定位装置的结构形式

a）拉板式轴箱定位　b）拉杆式轴箱定位　c）转臂式轴箱定位　d）层叠式橡胶弹簧轴箱定位

（4）按摇枕弹簧的横向跨距分类

1）内侧悬挂：摇枕弹簧横向跨距小于构架两侧梁纵向中心线距离。

2)外侧悬挂:转向架摇枕弹簧横向跨距大于构架两侧梁纵向中心线距离。

3)中心悬挂:摇枕弹簧横向跨距与构架两侧梁纵向中心线距离相等。

(5)按车体与转向架之间的荷载传递方式(图P2-4)分类

1)心盘集中承载,如图P2-4a所示。

2)非心盘承载(旁承承载和弹簧承载),如图P2-4b所示。

3)心盘部分承载(旁承、心盘按一定比例承载),如图P2-4c所示。

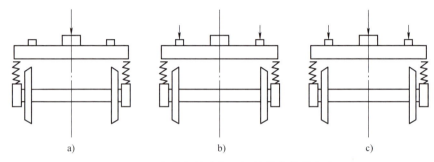

图P2-4 车体与转向架之间的荷载传递方式
a)心盘集中承载 b)非心盘承载 c)心盘部分承载

(6)按有无牵引传动装置分类 转向架可分为动力转向架和非动力转向架。动力转向架装有电动机和减速机构,是驱动车辆运行的转向架,动力转向架有两根动力轴,每根轴上装有一组齿轮轴箱。非动力转向架没有驱动电机和齿轮减速机构,未设置安装驱动电机的电动机吊座。

Project 7

项目七

城市轨道交通车辆转向架整体及构架的维护

项目描述

构架是转向架各组成部分的安装基础,一般通过构架把转向架的组成部件组合成一个整体,构架也是转向架承载的主要部件。构架的维护对整个转向架有着至关重要的作用。本项目将对构架及构架上的 ATC 天线支架、抗侧滚扭杆、轮缘润滑装置、减振器等设备的维护进行讲解。

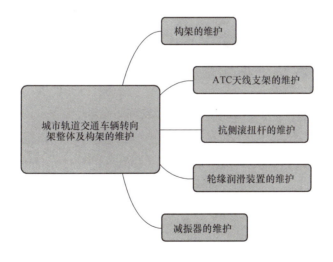

城市轨道交通车辆转向架系统

任务一　构架的维护

一、任务目标

能检查构架标记、铭牌，外观有无磕碰、裂纹、锈蚀等损坏情况，构架上各附件安装是否牢固。

二、知识准备

1. 构架的作用与要求

构架（图 7-1）是转向架各组成部分的安装基础，通过构架可以把转向架的组成部件组合成一个整体，构架也是转向架承载的主要部件。

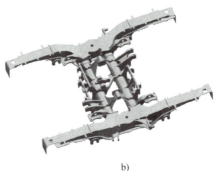

图 7-1　构架

a）实物图　b）模型图

对构架的基本要求如下：

1）部分尺寸精度要求较高，以使一些部件安装具有较高的定位精度，如轮对定位，能使转向架具有较好的运行性能。

2）便于各部件及附加装置的安装，包括轮对安装、传动齿轮装置的悬挂、牵引电动机的安装、制动系统的安装。

3）结构经过设计，应具有足够高的强度，能承受并传递牵引力、制动力、车体质量以及各种冲击、振动，保证列车运行安全。

2. 构架的分类

根据制造工艺不同，转向架的构架主要有铸钢构架和焊接构架两种形式。铸钢构架由于质量大、铸造工艺复杂，使用中受到一定程度的限制，城市轨道交通车辆中一般不采用铸钢构架。焊接构架的组成梁件为中空箱形，质量小、节省材料，又能满足强度和刚度的要求，所以应用比较广泛。尤其是压型钢板的焊接构架，其梁件可以按等强度设计，箱形截面尺寸可以依据各部位受力情况而大小不等，使各截面的应力接近，并可合理地分布焊缝，减少焊缝数量。焊接构架对制造设备要求较高，成本也较高。上海、广州的城市轨道交通车辆均采用了压型钢板焊接构架。车辆转向架的组成如图 7-2 所示。

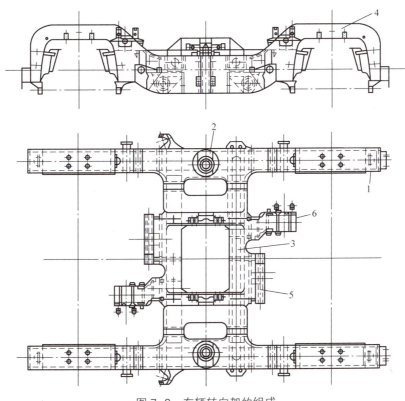

图 7-2　车辆转向架的组成

1—侧梁　2—空气弹簧座　3—横梁　4—轴箱吊框　5—电动机安装座　6—齿轮箱吊座

构架也可以依据其他形式分类，如按结构形式不同，构架分为开口式、封闭式，或 H 形、日字形、目字形等。

3. 构架结构的特点

动车构架与拖车构架通常均为 H 形构架，由钢板焊接结构的箱形侧梁和与侧梁相贯通的无缝钢管所构成的横梁组成，为减小质量、简化结构，此设计具有以下特点：

1）横梁用无缝钢管制成。以往的横梁设计为钢板焊接结构，内部设有支承肋板，而无缝钢管横梁结构内部无支承肋板。同时，无缝钢管结构可用作空气弹簧系统的附加空气室，替代以往转向架用摇枕做附加空气室。

2）侧梁与横梁的焊接用圆环形板进行加强，辅助附加空气室位于横梁两端，用来增大附加空气室的容积。

4. 转向架部件裂纹

转向架的构架采用焊接结构，由于焊接工艺、结构设计和运用环境等方面的原因，易在弯角处、吊座耳孔处、原有焊缝缺陷处等受力较大的部位产生集中应力，在往复载荷作用下易出现裂纹。常见的裂纹部位主要集中在电动机吊座上弯板及焊缝处、齿轮箱吊座牵引拉杆根部、齿轮箱吊座吊耳斜撑根部、齿轮箱吊座上盖板等处。因此，在日常检查中应对转向架电动机吊座、齿轮箱吊座、牵引拉杆和制动缸安装座等部位重点关注，发现外表异常现象时应及时采取相应的处理措施。在实际应用中，上海城市轨道交通车辆曾发生多起电动机吊座裂纹故障，最终调查分析原因是其本身焊接工艺缺陷而产生应力集中，车辆在运行中频繁地起动、制动，牵引电动机在工作时对电动机吊座产生相应的载荷，以及受线路的冲击引起牵引电动机的振动。牵引电动机吊座由于长期频繁地受交变载荷作用，在应力集中部位容易产生裂纹。

（1）构架产生裂纹的主要原因

1）构架弯角处断面尺寸的突然变化易产生应力集中而出现裂纹，这属制造工艺缺陷。

2）焊接后未进行热处理消除残余应力，从而导致部件裂纹。

（2）转向架构架裂纹的故障处理　转向架构架及关键受力部件的裂纹要定期进行探伤处理，裂纹故障要引起足够的重视，如果原因是结构问题，一定要进行有效的技术整改。小的裂纹故障通过补焊、加强等手段处理；大的裂纹故障则要整体更换。转向架部件裂纹如图7-3所示。

图7-3　转向架部件裂纹

a）弹簧座加强筋板处横向裂纹　b）ATC天线支架裂纹

三、任务实施

在车辆运营过程中，构架的日检主要是通过目测的方式进行，检查内容及步骤相对于定修、架修要简单。用目测的方式检查构架内外侧、牵引电动机悬挂座、牵引拉杆座时，要求无裂纹、锈蚀，无冲击损伤，附件完好。构架日检检修内容如下。

检查项目	检修内容	图示	检查结果记录
受流器安装座紧固	检查受流器安装座支架与构架 4 个紧固螺栓是否有松动		
可视外观检查	检查构架是否有裂纹、变形和不良磨耗,焊缝是否有裂纹,各悬挂点焊接点是否有裂纹变形,是否有开焊、脱焊现象;检查是否有锈蚀及脱漆现象		
附加气室	检查附加气室螺堵是否漏气		

四、任务评价

任务评价表

项目	评价标准	评价等级		
		优	合格	不合格
专业知识测评	了解构架的作用与要求			
	了解构架的分类、构架结构的特点			
	认知转向架部件裂纹			
专业能力测评	能检查构架标记、铭牌,外观有无磕碰、裂纹、锈蚀等损坏情况,构架上各附件安装是否牢固			
总评及建议				

任务二 ATC天线支架的维护

一、任务目标

能检查 ATC 天线支架及安装座是否正常。

二、知识准备

城市轨道交通车辆的 ATC 天线(图 7-4)设在司机室端的转向架端部。城市轨道交通车辆系统要求 ATC 天线的中心位于钢轨中心的正上方,且对于 ATC 天线最低点距轨面及车辆第一轴之间的距离均有严格的要求,故 ATC 天线安装支架设计成悬臂机构。

图 7-4　ATC 天线

a）模型图　b）实物图

三、任务实施

检查 ATC 天线支架。

检查项目	检查内容	图示	检查结果记录
ATC 天线支架	检查 ATC 天线支架及安装座是否正常，有无破损、裂纹		

四、任务评价

任务评价表

项目	评价标准	评价等级		
		优	合格	不合格
专业知识测评	认知 ATC 天线支架			
专业能力测评	能检查 ATC 天线支架及安装座是否正常			
总评及建议				

任务三　抗侧滚扭杆的维护

一、任务目标

1. 能检查抗侧滚扭杆。

2. 能检查轴承座、摇臂、套筒及球胶（如有）外观状态及连接紧固螺栓状态。

二、知识准备

抗侧滚扭杆的作用是抑制车体相对于转向架的侧滚，提高车辆的稳定性和舒适性。抗侧滚扭杆的结构基本相同，由扭杆、支撑座、扭臂和连杆组成，安装在车体与构架之间，利用扭杆抵抗扭转变形的作用抑制车体的侧滚倾向。

当车体有侧滚倾向时（例如车辆通过曲线时），水平放置的两个扭臂对于扭杆（扭臂与扭杆之间近似为刚性节点）分别有一个相互反向的力和力矩的作用，使弹性扭杆承受力矩而产生扭转弹性变形，起到扭转弹簧的作用。扭转弹簧的反力矩总是与车体产生侧滚的角位移的方向相反，以约束车体的侧滚运动。但当车体正常垂直振动时（即左、右车体同向位移但不存在侧滚时），由于扭杆支座内安装有轴承（或橡胶卡环），因此，左、右两个扭臂只使扭杆产生同向转动，而不起扭转弹簧作用，故对车体不产生抗侧滚作用。

从上述作用原理可知，抗侧滚扭杆装置巧妙地实现了既增强二系悬挂系统的抗侧滚性能，又不影响（或基本不影响）二系悬挂系统中原弹簧的柔软特性。抗侧滚扭杆如图7-5所示。

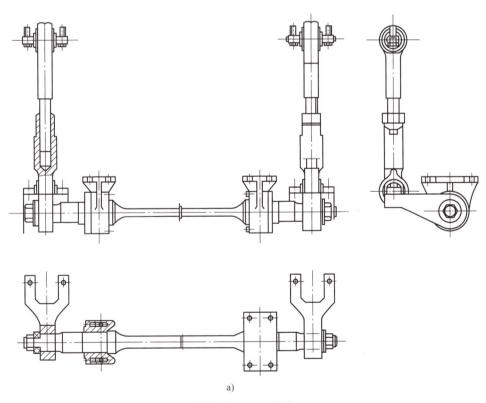

a)

图7-5 抗侧滚扭杆

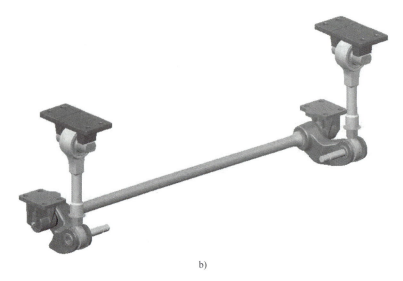

b)

图 7-5 抗侧滚扭杆（续）

三、任务实施

检查抗侧滚扭杆。

检查项目	检查内容	图示	检查结果记录
抗侧滚扭杆	检查抗侧滚扭杆松紧螺套紧固螺母，要求防松标记无错位		

四、任务评价

任务评价表

项目	评价标准	评价等级		
		优	合格	不合格
专业知识测评	认知抗侧滚扭杆			
专业能力测评	能检查抗侧滚扭杆			
	能检查轴承座、摇臂、套筒及球胶（如有）外观状态，及连接紧固螺栓状态			
总评及建议				

任务四　轮缘润滑装置的维护

一、任务目标

能检查轮缘润滑装置（湿式或干式）工作状态。

二、知识准备

轮缘润滑装置（图7-6）可改善车轮轮缘与钢轨的摩擦关系，使车轮、钢轨的磨耗量降低，延长其使用寿命。常见的轮缘润滑装置分为干式和湿式2种。

干式轮缘润滑装置的结构较简单，其壳体倾斜安装于转向架构架两端，内部的滑块在弹簧推力的作用下与车轮的踏面、轮缘交界部位接触，车轮转动时滑块材料均匀地涂抹在车轮上，并有一部分材料附着于钢轨表面，从而起到改善摩擦的作用。

湿式轮缘润滑装置由喷油器（图7-7）、油箱、气压推进装置等主要设备构成，并辅以弯道传感器等辅助设备。该系统可按照列车运行方向、预定的时间间隔和列车时速启动，将润滑油喷涂至踏面表面。润滑油属于生物可降解型白色植物油。

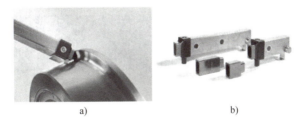

a)　　　　　　　　b)

图7-6　轮缘润滑装置

图7-7　湿式轮缘润滑装置喷油器

三、任务实施

检查轮缘润滑装置。

检查项目	检查内容	图示	检查结果记录
干式轮缘润滑装置	检查轮缘润滑装置是否正常工作、无损坏		

四、任务评价

任务评价表

项目	评价标准	评价等级		
		优	合格	不合格
专业知识测评	认知轮缘润滑装置			
专业能力测评	能检查轮缘润滑装置（湿式或干式）工作状态			
总评及建议				

任务五　减振器的维护

一、任务目标

能检查减振器（横向、垂向）外观是否正常，润滑油是否泄漏，连接紧固件是否松动。

二、知识准备

减振器与弹簧一起构成弹簧减振装置。弹簧主要起缓冲作用，缓和来自轨道的冲击和振动，而减振器的作用是减小、阻止振动。城市轨道交通车辆上采用油压减振器，包括横向减振器与垂向减振器。油压减振器主要是利用液体黏滞阻力所做的负功来吸收振动能量，其特点是振幅的衰减量与幅值的大小有关，振幅大时衰减量也大。图 7-8 所示为油压减振器。

图 7-8　油压减振器

三、任务实施

检查减振器。

检查项目	检查内容	图示	检查结果记录
油压减振器	检查减振器是否漏油、减振器的连接状况	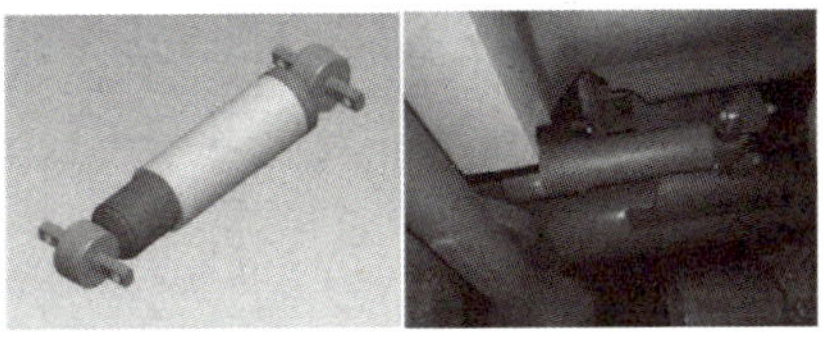	

四、任务评价

任务评价表

项目	评价标准	评价等级		
		优	合格	不合格
专业知识测评	认知减振器			
专业能力测评	能检查减振器（横向、垂向）外观是否正常，润滑油是否泄漏，连接紧固件是否松动			
总评及建议				

Project 8
项目八
城市轨道交通车辆轮对与轴箱装置的维护

项目描述

轮对直接向钢轨传递载荷，通过轮轨间的黏着产生牵引力或制动力，并通过车轮回转实现车轮在钢轨上的平移。轮对轴箱是联系构架与轮对的活动关节，可以保证轮对进行回转运动，还能使轮对相对于构架产生上下、左右和前后的运动。本项目将对轮对和轴箱的维护进行讲解。

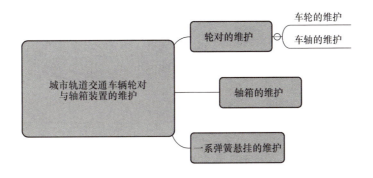

任务一　轮对的维护

一、任务目标

1. 能检查车轴之间是否错位。
2. 能检查轮对阻尼环（如有）。
3. 能检查车轮退轮螺堵。

二、知识准备

1. 轮对的结构

轮对（图8-1）承担车辆全部载荷，引导车辆沿着钢轨高速运行，同时承受从车体、钢轨传来的各种力的作用。因此，轮对应具有足够的强度，以保证在允许的最高速度和最大载荷下安全运行。应在强度足够和保证一定使用寿命的前提下，使其质量最小，并具有一定的弹性，以减少轮对之间的作用力和磨耗。

　　　　a)　　　　　　　　　　　　　b)

图 8-1　轮对

a）模型图　b）实物图

轮对在正常状态的线路上运行时，轮对的内侧距是影响运行安全的一个重要因素。轮对内侧距有严格的规定。轮对内侧距应保证在任何线路上运行时轮缘与钢轨之间有一定的游隙，以减少轮缘与钢轨的磨耗；应保证在最不利的情况下，车轮踏面在钢轨上仍有足够的安全搭接量，不致造成脱轨；应保证轮对安全通过道岔。

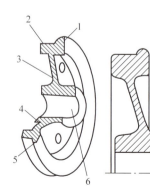

图 8-2　车轮的结构

1—轮辋　2—踏面　3—辐板
4—轮毂　5—轮缘　6—轮毂孔

车轮的作用是沿着钢轨滚动，将车轮的滚动转化为车体的平动，除了传递车辆重量外，还传递轮轨之间的纵向力和横向力。

我国城市轨道交通车辆的车轮一般采用整体辗钢轮，整体车轮包括踏面、轮缘、轮辋、轮毂、辐板、轮毂孔。车轮的结构如图8-2所示。

1）轮辋：车轮具有完整踏面的径向厚度部分，应保证踏面具有足够的强度以便于加修踏面。

2）踏面：车轮与钢轨面相接触的外圆周面。踏面与轨面在一定的摩擦力下完成滚动运行。

3）辐板：联结轮辋与轮毂的部分，起支撑作用。

4）轮毂：轮与轴互相配合的部分，固定在车轴轮座上，是车轮整个结构的主干与支承。

5）轮缘：车轮内侧面的径向圆周凸起部分，能保持车轮在轨道上正常运行不脱轨。

6）轮毂孔：安装车轴用的孔，与轮座过盈配合。

城市轨道交通车辆车轮直径多为840mm，每个车轮所设计的磨耗量为70mm，轮辋外表面刻有磨耗极限槽。

新型铸钢轮生产工艺是采用电弧炉炼钢、石墨铸钢、雨淋式浇注工艺。采用电弧炉炼钢，钢水纯度高。采用石墨铸钢，能使铸件表面光洁，尺寸精度高。由于石墨导热性能优良，铸件凝固速度快、晶粒细化，可提高材质的力学性能和车轮的内在质量。采用雨淋式浇注工艺，冒口和浇口设在同一位置，浇注时钢水按轮辋、辐板至轮毂的顺序凝固，补缩用的钢水自冒口沿补缩通道不断补充，达到最佳的补缩效果。铸成后的车轮应进行缓冷处理，使铸件各个部位均匀冷却，以消除内应力。随后进行热轮抛丸，以清除表面余砂及氧化铁皮，再进行加热、淬火以及回火等热处理工艺，对辐板要求进行抛丸处理，提高车轮的使用寿命。由于采用了先进的生产工艺，新型铸钢轮具有尺寸精度高、安全性好、制造成本低等优点。

铸钢轮与辗钢轮比较明显的区别在于：直接由钢水铸造成型，减少了工序，节约了劳动力，降低了生产能耗，采用石墨铸钢工艺时，能提高车轮尺寸精度，几何形状好，内部组织均匀，质量分布均匀，轮轨间动力作用相对较小；新型铸钢轮的辐板为深盆形结构（流线型结构），较辗钢轮耐疲劳，抗热裂性能更好。

车轮轮缘踏面通常采用锥形踏面或磨耗型踏面，采取锥形轮廓的原因如下：

1）便于通过曲线。车辆在曲线上运行时，由于离心力的作用，轮对偏向外轨，于是在外轨上滚动的车轮与钢轨接触的部分直径较大，而沿内轨滚动的车轮与钢轨接触部分直径较小，这样造成在同转角内，外轮行走的路程长而内轮行走的路程短，正好和曲线区间线路的外轨长而内轨短的情况相适应，使轮对能较顺利地通过曲线，减少车轮在钢轨上的滑行。

2）可自动调中。车轮踏面一般做成一定的斜度，称为锥形踏面，如图8-3a所示。由于踏面中部设有斜度，为使踏面与钢轨顶面接触良好，钢轨铺设时使其向线路中心有相同的斜度，因此钢轨对车轮作用力的方向是指向线路中心的。车辆在直线线路上运行，当轮对受到横向力的作用使车辆中心线与轨道中心不一致时，轮对在滚动过程中能自动纠正偏离方向。运行时车轮与钢轨接触的滚动直径在不断地变化，致使轮轨的接触点也在不停地变换位置，从而使踏面磨耗更为均匀。除了锥形踏面外，还有磨耗型踏面，如图 8-3b 所示。实践证明，锥形踏面车轮的初始形状在运行中将很快磨耗，当磨耗成一定形状后，车轮与钢轨的磨耗都变得缓慢，磨耗后踏面形状将相对稳定。如果把车轮踏面开始就做成类似磨耗后的稳定形状，即磨耗型踏面，可明显地减少轮轨的磨耗，延长使用寿命，减少换轮、维修轮的检修工作量，其经济效益是十分明显的。磨耗型踏面可减小轮轨接触应力，提高车辆运行的横向稳定性和抗脱轨安全性。

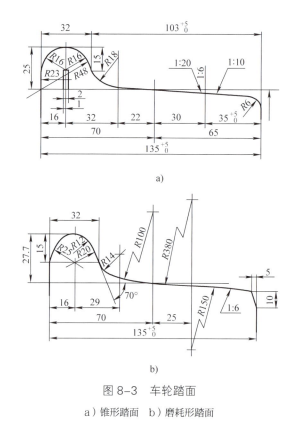

图 8-3 车轮踏面

a）锥形踏面 b）磨耗形踏面

3）能顺利通过道岔。线路上的道岔对车辆运行的平稳性和安全性影响极大，因此路面的几何形状也应适应通过道岔的需要。由于尖轨前端顶面低于基本轨顶面，当轮对由道岔的尖轨过渡到基本轨时，为了防止撞到基本轨，要求踏面具有一定的斜度，并且把踏面的最外侧做成 C5 的倒角，以增大踏面和轨顶的间隔，保证车轮顺利通过道岔。

4）使踏面磨耗比较均匀。由于车轮踏面具有一定斜度，当车轮在轨道上运行时，回转圆直径不停地变化，致使车轮在钢轨上的接触点不停地变换位置，结果使踏面磨耗比较均匀。

5）防止车轮脱轨。当车轮通过曲线时，常使轮缘紧靠外侧钢轨，如图 8-4 所示，此时如果车轮受到较大的横向力，则车轮可能从轮端外侧面爬上钢轨而脱轨。但由于轮缘面有一定的斜度，尽管车轮有少量抬起，也会在车轮载荷的作用下顺着轮缘的斜坡滑至安全位置。这种情况不但在曲线时出现，在直线区段上轮对受较大横向水平力时也会出现。可见，轮缘上斜度的大小，对车辆运行的安全有着十分重要的作用。

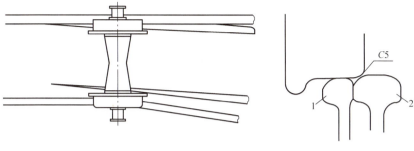

图 8-4　轮对通过曲线

1—尖轨　2—基本轨

车轮踏面有斜度，各处直径不相同，因此根据国际铁路组织规定，在离轮缘内侧 70mm 处测量所得的直径为名义直径，作为车轮的滚动圆直径。上海城市轨道交通车辆车轮的轮径为 840mm。轮径小，可以降低车辆重心，增大车体容积，减小车辆簧下质量，缩小转向架固定轴距，但阻力增加，轮轨接触应力增大，踏面磨耗加快。

有的城市轨道交通车辆及高速列车车辆也采用弹性车轮。这种车轮在轮心轮毂与轮箍之间装有橡胶弹性元件，使车轮在空间三维方向上具有一定的弹性。弹性车轮减小了簧下质量，减小了轮轨之间的作用力，缓和了冲击，减小了轮轨磨耗，降低了噪声，改善了车轮与车轴的运行条件，提高了列车的运行平稳性。

2.轮对的检修

（1）踏面磨耗的检修　车轮标准直径为 840mm，轮径限度为 770mm。轮径差必须满足：同一轴不大于 1mm，同一转向架不大于 3mm，同一辆车不大于 6mm。可利用轮径尺进行检测，达到磨耗限度的车轮必须更换。利用轮辋侧面的沟槽也可以判断车轮是否达到磨耗极限。车轮直径的测量一般使用轮径尺，如图 8-5 所示。

（2）车轮踏面擦伤的检修　用钢卷尺沿踏面圆周方向进行测量，当踏面擦伤达到以下限度时需要镟修加工或更换轮对：擦伤长度 1 处以上大于 75mm，两处以上每处长度为 50~75mm，4 处以上每处长度为 25~50mm；擦伤深度大于 0.8mm。车辆运行过程中车轮的踏面擦伤如图 8-6 所示。

图 8-5　轮径尺

（3）踏面刻痕和凹槽的检修

1）检查轮缘踏面圆周边缘的尖锐卷边和凹槽，如果深度超过 2mm，必须镟修或更换轮对。仔细检查制动闸瓦的状况，检查闸瓦与踏面之间的金属包含物或踏面金属残骸。

2）检查踏面圆周的凹槽或波动（外形像波状凹进），如果深度超过 5mm，必须镟修或更换轮对，并仔细检查闸瓦状况。采用踏面制动方式时，极易产生该种磨耗形式。踏面擦伤如图 8-7 所示。

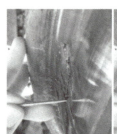
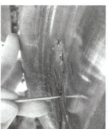

图 8-6　车轮的踏面擦伤

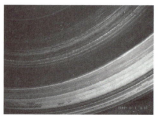

图 8-7　踏面擦伤

（4）踏面剥离的检修　用钢卷尺沿踏面圆周方向进行测量，若剥离达到以下限度，必须镟修或更换轮对：剥离长度 1 处大于或等于 30mm，2 处（每处）大于或等于 20mm；剥离深度大于或等于 1mm；踏面磨耗深度（包括沟槽）大于或等于 4mm。

（5）踏面鼓起的检修　如果鼓起厚度超过 1mm 或长度超过 60mm，必须对车轮进行镟修处理或更换轮对。

（6）轮缘缺损的检查　轮缘的缺损分两种，一是轮缘顶部的金属变形，二是轮缘侧部的锯齿状缺口。

1）轮缘的刃口。如果发现金属凹口和撕开现象，则评估破损程度并进行如下处理：深度小于 1mm 时，车轮可继续使用；深度大于 1mm 时，必须对车轮进行镟修处理或更换轮对。

2）轮缘的非刃面。如果发现金属凹口和撕开现象，则评估破损程度并进行如下处理：深度小于 2.5mm 时，把尖锐部分修正后车轮可继续使用；深度大于 2.5mm 时，必须对车轮进行镟修或更换轮对。

车辆在正常工作条件下，轮缘的磨耗并不严重，轮缘只在车辆通过曲线和道岔时，才因承受横向力的作用与外轨内侧面摩擦而产生磨耗。在直线区段，轮对蛇行前进，轮缘磨耗并不大。如果因轮对原因或转向架组装不正，使轮对与钢轨间的相对位置不正常，则轮对易偏于线路一侧，使轮缘产生偏磨。

轮缘磨耗有以下 3 种形式：轮缘厚度减小、轮缘顶部形成锋芒及轮缘垂直磨耗。轮缘磨耗严重时，会产生如下不良后果：

1）轮缘厚度磨耗变薄后，强度下降，当轮对通过曲线或做蛇行运动时，轮缘在钢轨横向力的作用下会崩裂缺损，甚至造成行车事故。车轮与钢轨的安全搭载量是根据轨距和车轮内侧距，以及轮缘厚度等因素而定的，如果轮对的一侧车轮轮缘磨损过薄，则会影响一侧车轮与钢轨的安全搭载量。

2）轮缘形成锋芒后，在轮对通过道岔时，可能挤开尖轨而造成脱轨事故，所以轮缘磨损形成锋芒时，必须更换轮对。

3）轮缘垂直磨损超过限度时，其轮缘根部与钢轨内侧面形成平面接触，当车轮通过道岔，由于轮缘与钢轨接触处没有弧形，就会使车轮碰击尖轨或爬上辙叉芯，同样会造成脱轨事故；踏面的凹陷使轮缘的相对高度增加，这有可能切断鱼尾板螺栓而造成车辆颠覆。因此，轮缘垂直磨损过限的轮对也不允许继续使用。

（7）车轮几何型面的检查　进行车轮几何型面检查时应采用专用的检查工具，如轮径尺、内距尺、轮缘尺、WS 型外形测量仪等。车轮几何型面的尺寸如图 8-8 所示。由图 8-8 可知：车轮名义滚动圆位置 L 位于距离车轮内侧面 70mm 处，在此处测定的直径为车轮直径。城市轨道交通车辆的车轮公称直径 D 为 840mm，采用磨耗型踏面，允许车轮磨耗最小直径为 770mm，并在轮辋上有一沟槽痕迹。轮径差必须满足：同一轴小于或等于 1mm，同一转向架小于或等于 3mm，同一辆车小于或等于 6mm，否则必须镟修。

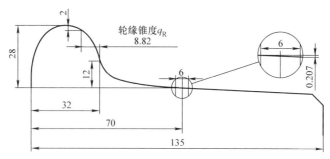

图 8-8 车轮几何型面的尺寸

1) 轮缘高度 S_b：当踏面磨耗或因踏面损伤进行镟修后，轮缘高度会增大，严重时甚至会引起脱轨事故。因此，检查时需使用轮缘尺检查轮缘高度。检查量规的触点是否接触到车轮踏面，如果触点在轮缘公差之外，则需镟修后使用，否则更换轮对。轮缘最大高度为 31mm。

2) 轮缘厚度 S_a：使用专用测量尺检查轮缘厚度。检查量规的触点是否接触到车轮踏面，如果触点在轮缘公差之外，则需要镟修后使用，否则更换轮对。轮缘最小厚度为 22mm。

3) 轮缘锥度 q_R：检查轮缘尺寸，用轮缘形状专用测量尺测量。

① q_R 的定义：轮对轮缘垂直磨耗是否过限是影响车辆运行安全的一个关键指标。对国内铁路行业来说，q_R 是一个全新的概念。它的定义为滚动圆踏面基准线向上 10mm 引垂线与轮缘内侧有一交点，轮缘顶部向下 2mm 引垂线与轮缘内侧有一交点，这两个交点之间的水平距离即 q_R 值。它是把铁路上定义的垂直磨耗进行量化。铁路上对垂直磨耗的定义为当滚动圆踏面基准线向上 12mm 处的轮缘厚度小于 15mm 处的轮缘厚度时垂直磨耗过限。

② q_R 的测量：利用轮缘尺测量 q_R。轮缘根部的最小厚度为 26mm，轮缘角为 70°，由于轮缘角度测量很困难，因此制造商提供了一个以轮缘角和轮缘根部的宽度等因素为依据而制造的专供测量轮缘形状的专用量具。该尺测量的 q_R 值应在 6.5~13.5mm 范围内，否则需要对车轮进行镟修。

测量轮缘的 q_R 值时，应在轮缘两个接近 180°的点进行测量，检查量规的触点是否接触轮缘，如果触点在轮缘公差之外，则需要镟修后使用，否则更换轮对。

（8）车轮内侧距检查　检查车轮与轮座的结合部是否有松动，如果有松动，应进行分解，并重新选配、压装。检查车轮轮辋的过热现象，如果车轮有过热或制动后出现异常过热现象，必须测量车轮内侧距。在轮对空载条件下，测量值在 1353~1355mm，并与轮对内侧距初始值比较，在空载条件下车轮位移量不得超过 0.5mm。在车轮退卸操作时，建议检查轮对内侧距。

（9）轮毂部分的检修　检查轮毂上有无放射状裂纹存在，放射状裂纹会削弱车轮在车轴上的夹紧力，造成腐蚀、车轮扭曲现象。如果对裂纹的存在有怀疑，可进行电磁探伤检查。检查注油孔内堵塞密封情况，如果堵塞丢失，应清洁注油孔且安装新的堵塞并密封。

3. 车轮常见故障分析

车辆在长期运营过程中，会出现不同程度的磨耗，甚至出现踏面擦伤、剥离及车轮裂纹等，这些损伤都直接威胁行车的安全。因此，日常检查及定期检修时必须认真检查、及时发现。

（1）车轮踏面磨耗　车轮踏面磨耗分两种情况，一种是踏面径向磨耗，另一种是踏面周向磨耗。车轮踏面磨耗是指车轮踏面在运用过程中车轮直径减小，导致踏面轴向标准轮廓与车轮踏面名义滚动圆直径变化。踏面磨耗是一种不可避免的自然磨耗，其磨耗速度随车轮材质、运行及线路情况不同而不同。在一般情况下，新镟修车轮在使用的开始阶段走行 5000km 左右会形成 0.5~1.0mm 的磨耗，之后每走行 5000km 磨耗 0.1mm 左右。

车轮在钢轨上运动的主要形式是滚动，但在通过曲线等情况下，轮轨间存在相对滑动。因此，轮轨间发生的是滚滑混合的复杂摩擦。在制动时，闸瓦与踏面也会发生滑动摩擦，引起磨耗。踏面磨耗有以下危害：

1）破坏了踏面的标准外形，使踏面与钢轨经常接触部分的锥度变大，使轮对蛇行运动的波长减小，频率增高，影响车辆运行的平稳性。

2）踏面磨耗使轮缘增高，明显时表征为轮缘下垂，轮缘下垂严重时，会压坏钢轨连接螺栓，引起脱轨。

3）踏面磨耗严重时，会使踏面外侧下垂，当通过道岔时，踏面外侧会陷入基本轨与尖轨之间而把基本轨推开造成脱轨。

4）车轮踏面磨耗后，车轮与钢轨的接触面积增大，车轮踏面与钢轨接触的各点与车轴中心的距离不同。车轮滚动一圈，两点的滚动距离也不相同，而钢轨各处纵向长度是相同的，这样车轮与钢轨必然会发生局部滑动摩擦，使踏面磨耗加剧。磨耗导致踏面与钢轨接触各点与车轴中心距离偏差变大，运行摩擦也变大，运行阻力随之增大。

5）车辆运行一段时间后，车轮踏面会产生不均匀的周向磨耗，使车轮名义滚动圆圆周各点处直径较新轮出现偏差。定义车轮名义滚动圆上的最大与最小直径的差值，称为车轮不圆度。车轮不圆是指车轮径向圆跳动值较大，也可理解为车轮近似趋于一个多边形，当车轮滚过多边形的每一边长时，轮轨间会发生冲击，钢轨受到一个向下的冲量，车轮受到一个向上的冲量。随着车轮的不断滚动，会与钢轨形成周期性冲击，多边数量越多，冲击周期就越短，车辆振动越激烈。

当磨耗达到一定值时，车轮不圆度的影响，向上将会使车辆产生附加振动、冲击、导致轴承等部件的损坏，影响车辆运行的平稳性；向下会对钢轨产生冲击力，引起扣件螺栓的松动，对轨下胶垫、轨道板产生损伤，对列车运行安全造成严重威胁。

(2)踏面剥离、擦伤及局部下凹

1)踏面剥离。车轮踏面表面金属成片状剥落而形成小凹坑或片状翘起的现象称为踏面剥离,如图8-9所示。踏面剥离的原因有两种:一种是车轮材质不良,在车轮与钢轨多次挤压作用下发生疲劳破坏;另一种是车轮在钢轨上滑行时,摩擦热使踏面局部金属组织发生变化而发生金属脱落。踏面剥离深度一般较大,而凹下处与钢轨不会接触,因而引起车辆振动。测量车轮踏面剥离长度时,应沿车轮圆周方向测量其最长处的尺寸。为了限制踏面剥离对车辆振动的影响,对踏面剥离的长度规定了限值,连续剥离大于350mm的必须进行镟修处理。

2)踏面擦伤。当车辆在运行中制动力过大时,会抱闸过紧,导致车轮在钢轨上滑行,而把圆锥形踏面磨耗成一块或数块平面的现象称为踏面擦伤。造成踏面擦伤的原因有车轮材质过软、制动力过大、制动缓解不良、同一轮对两车轮直径相差过大等。踏面擦伤会引起车辆运行时的过大振动,使车辆零件损坏加速、轴箱发热,甚至损坏钢轨。因此,运行中应利用振动诊断技术随时监控踏面擦伤,检修中应注意对擦伤的检查、修理。

3)踏面局部下凹。踏面局部下凹是车轮局部材质过软,在运行中与钢轨挤压造成的。

图8-9 踏面剥离

(3)轮辋过薄 当车轮踏面磨耗超限或因其他故障要镟修车轮时,车轮轮辋厚度将随之变薄。轮辋过薄时,其强度减弱,容易出现裂纹;车轮直径也变小,影响转向架各部分配合关系。当轮辋过薄超过限度时,应更换车轮。

(4)轮缘磨耗 轮缘磨耗后,轮缘外形轮廓发生变化,可能会影响行车安全。

1)轮缘过薄。轮缘过薄会使车轮在过道岔时,因轮缘顶部压伤尖轨或爬上尖轨而造成脱轨事故;还会使轮轨间横向游隙增加,在通过曲线时,由于减小了车轮在内轨上的搭载量,增加了车辆的横动量,使运行平稳性变差,从而造成脱轨。轮缘过薄还会降低轮缘的强度,容易造成轮缘裂纹。

2)轮缘垂直磨耗。轮缘外侧面被磨耗成与水平面相垂直的状态,称为垂直磨耗。轮缘垂直磨耗的危害是车轮通过道岔时,轮缘外侧磨耗面容易与基本轨密贴,从而导致轮缘顶部更易压伤或爬上尖轨,造成脱轨。

(5)车轮裂纹 车轮裂纹多发生在使用时间过久、轮辋较薄的车轮上,裂纹的部位多在辐板与轮辋交界处、轮辋外侧、踏面及轮缘根部。车轮出现裂纹时必须更换车轮。

（6）轮毂松弛　车轮轮毂孔和车轴轮座组装前，由于机械加工精度不够、粗糙度不符合要求、组装压力不符合标准等原因，在使用中车轮与车轴的相互作用力影响下，会导致车轮和车轴发生松动现象。

（7）轮径差　因受机械加工水平和现场运行环境等客观因素的影响，城市轨道交通车辆转向架各个轮对之间会产生一定的轮径差，导致轮对中心在运行过程中偏离轨道中心线，向轮径小的方向移动，使该车轮的磨耗功率不断加大，长时间运行后，轮对的轮径差值会不断增大，从而使轮轨接触环境进一步恶化。此外，轮径差还会导致牵引电动机运行负载分配不均，轮对容易产生空转和打滑。

4. 车轴的结构

城市轨道交通车辆使用的车轴多为圆截面实心车轴。车轴主要由轴颈、防尘板座、轮座和轴身等部分组成。轴颈是安装滚动轴承的部位；防尘板座是安装防尘挡圈的部位；轮座是安装车轮的部位，是车轴受力最大的部位；轴身是两轮座的连接部位。车轴分为拖车车轴和动车车轴。动车车轴的结构如图 8-10 所示。

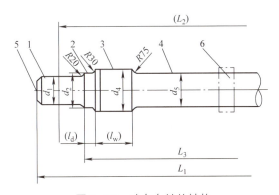

图 8-10　动车车轴的结构

1—轴颈　2—防尘板座　3—轮座　4—轴身　5—轴端螺栓孔　6—齿轮安装座

L_1—车轴长度　L_2—两轴颈中点间距离　L_3—防尘座外侧距　l_d—防尘座宽度　l_w—轮座宽度

为了实现轴承、车轮、传动齿轮等的安装，在车轴上相应位置设有轴承安装座，各安装座及轴身之间均以圆弧过渡，以减少应力集中。

5. 车轴的检修

车轴在日常检查时，需要通过目测检查车轴轴身，要求无裂纹及磕碰伤。架修、大修检查时，需要对车轴表面进行探伤，对齿轮嵌入部位进行超声探伤。

车轴应遵循 UIC 811-1 标准，采用 A1N 碳钢的全机加工车轴；几何尺寸符合 UIC 515-3 标准。车轴轮座应比设计直径尺寸大 5mm 的余量（标准直径为 198~193mm），以保证车轮可从车轴上退卸后再组装。所有车轴的轴颈直径均为120mm。车轴轴身表面应涂刷双组分的环氧防腐面漆进行防腐，不油漆的部分包括轮座、轴颈，车轴端部需要做临时性保护，加装防护套。

（1）车轴外观检查

1）检查车轴可见区域的腐蚀、凹痕和刻痕。

2）检查车轴的各过渡圆弧处。

（2）车轴故障检查修理

1）车轴轴身上小于1mm深度的凹痕可以用粗砂纸（120目或更高）打磨去除，按纵向方向（沿着车轴中心线）打磨。打磨后，用磁粉对相关区域进行探伤检测，不允许有裂纹产生。

2）如果发现在车轴轴身上的磕碰印痕超过1mm深，则更换轮对。

3）在过渡圆弧处不允许出现磕碰或裂纹。如果在这个区域发现磕碰或裂纹，则更换轮对。

4）车轴内部的缺陷（如内部的裂纹、气孔、夹渣等）可用超声波探伤仪进行探伤检查。若有缺陷，则需更换轮对。

5）车轴轮座若有拉毛或损坏，应进行打磨。

6）其他轴身如有必要则进行表面修复。

7）对车轴进行补漆、防锈处理，并标识。

8）记录有关数据信息。

6. 车轴常见故障分析

车轴损伤包括车轴裂纹、车轴磨损和车轴弯曲等。这些故障能引起车辆脱轨、颠覆或燃轴事故，因此必须认真检查、处理，才能保证行车安全。

（1）车轴裂纹　车轴裂纹分为横裂纹和纵裂纹。裂纹与车轴中心线夹角大于45°时称为横裂纹，夹角小于45°时称为纵裂纹。车轴横裂纹使车轴的有效截面积减小，容易扩展引起断轴事故，危害极大。

车轴各部都可能产生横裂纹。引起车轴断裂的主要原因是疲劳断裂。一般车轴在使用十几年后会出现疲劳裂纹，而有些车轴因材料本身问题，或在制造和使用中在车轴表面造成伤痕，导致过早产生疲劳裂纹，及时地检查和处理可以避免车轴发生折断事故。车轴出现裂纹时，应将裂纹镟去，再镟去一定深度的影响层，如果剩余直径符合限度，可继续使用。

车轴断口可分为4个区域：第一疲劳区是裂纹开始的部分，断口光滑如镜，呈浓褐色

（原因是裂纹在交变载荷下两侧不断研磨并被空气氧化）；第二、三疲劳区是裂纹发展区域，颜色呈淡褐色和灰色；第四折损区是车轴截面积减小的区域，此区车轴突然折断，断口为灰白色。

（2）车轴磨损　车轴磨损主要表现为轴颈和防尘板座上的划痕（包括纵向与横向）、凹痕、擦伤、锈蚀、磨伤等，以及由于转向架上零部件安装不当而导致的轴身的磨伤与磕碰伤。磨伤及碰伤处容易引起应力集中，造成车轴裂纹。

（3）车轴弯曲　车轴受到剧烈冲击时会引起车轴弯曲。车轴弯曲时，车辆运行振动增大，会造成轴箱发热、轮缘偏磨，甚至引起脱轨事故。

三、任务实施

检查轮对部件。

检查项目	检查内容	图示	检查结果记录
车轮外观	检查轮轴弛缓线是否有移动错位现象，车轮、车轴是否有损伤，是否有变形掉漆和电蚀现象，车轮上注油孔螺栓是否有松动、丢失		
阻尼减振器	检查车轮上阻尼减振器是否有松动、脱落，紧固件是否牢固，防松片是否良好		
车轴	目测检查车轴轴身是否有裂纹及磕碰伤，检查车轴、车轴之间是否错位，外观是否有破损		

四、任务评价

任务评价表

项目	评价标准	评价等级		
		优	合格	不合格
专业知识测评	认知轮对的结构			
	了解轮对的检修			
	了解车轮常见故障分析			
	认知车轴的结构			
	了解车轴的检修			
	了解车轴常见故障分析			
专业能力测评	能检查车轴之间是否错位			
	能检查轮对阻尼环（如有）			
	能检查车轮退轮螺堵			
总评及建议				

任务二　轴箱的维护

一、任务目标

1. 能检查轴箱端盖、接地装置外盖状态。
2. 能检查轴箱拉杆状态。

二、知识准备

轴箱装置（图 8-11）是实现轮对与构架相互连接、相互运动的关键部件，起着承上启下的作用。它既是连接轮对与构架的活动关节，又可传递牵引力、横向力和垂向力，还可实现轮对与构架间的垂向运动和横向运动。

a)

b)

图 8-11　轴箱装置
a）实物图　b）模型图

1. 轴箱装置的组成、分类、作用

城市轨道交通车辆的轴箱装置由轴箱和轮对轴承组成，轴箱由轴箱体、防尘挡板、轴箱盖、轴端压板、防尘挡圈等部件组成。

我国城市轨道交通车辆转向架曾使用过的轴承主要有滑动轴承和滚动轴承两种，它们的轴箱结构有所不同。目前滑动轴承已基本被淘汰，城市轨道交通车辆普遍采用滚动轴承的轴箱装置。

轴箱装置将轮对和构架联系在一起，使轮对沿钢轨的滚动转化为车体沿轨道的直线运动，并把车辆的质量及各种载荷传递给轮对。其具体作用如下：

1）连接轮对与转向架构架，支撑一系悬挂的底部，支撑转向架构架。

2）承受和传递轮对与转向架间的各种载荷，承受车体重力，传递牵引力、制动力。

3）给轴承内、外圈定位，保持轴颈和轴承的正常位置，从而保证车轴的正常安装位置。

4）使轮对沿钢轨的滚动转化为车体沿线路的平动。

5）轴箱采用滚柱轴承，在提高承载能力的同时，降低轴箱的摩擦系数，减小车辆起动和运行的阻力，以适应城市轨道交通车辆高速运行、频繁起动、行车密度大的要求。

6）保持轴承润滑脂润滑，保证轴承良好的润滑性能，并具有良好的密封性，防止尘土、雨水等物侵入或润滑脂甩出，从而防止润滑脂润滑作用被破坏，避免燃轴事故。

2. 城市轨道交通车辆滚动轴承的形式

由于城市轨道交通车辆允许轴重较大（一般为10~25t），在运行中要承受变化的动静载荷的作用，因此，要求轴承的承载能力高、强度高、耐冲击、使用寿命长。滚动轴承按滚动体形状分主要有圆柱滚动轴承、圆锥滚动轴承、球面滚动轴承等多种形式，一般城市轨道交通车辆都采用圆锥滚动轴承或圆柱滚动轴承（图8-12）；根据轴承结构特点，可分为整体式轴承和分体式轴承。

（1）圆锥滚动轴承　圆锥滚动轴承目前应用比较广泛，滚动体形式为圆锥滚子，一般为整体式轴承，也采用聚合物保持架，其主要轴向载荷由滚道承受（20%~30%的载荷由挡边承受）。该轴承一般采用传统的接触式橡胶密封，即卡紧式密封件，从而提高了润滑脂对污染的防护能力，延长了润滑脂的使用寿命，并使轴承具有更好的性能和更长的使用寿命。

（2）圆柱滚动轴承　圆柱滚动轴承的滚子是圆柱形的，一般属于双列分体式轴承，采用聚合物保持架，采用迷宫环对润滑脂进行非接触式密封。轴承滚子既能承受径向力，又能承受轴向力。但圆柱滚动轴承的轴向力主要靠滚子端面和挡边承受，滚子端面与挡边之间的摩擦为滑动摩擦，摩擦力较大，容易导致轴温升高，降低润滑脂的使用寿命，轴承使用寿命也会受到影响。

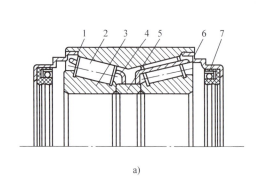
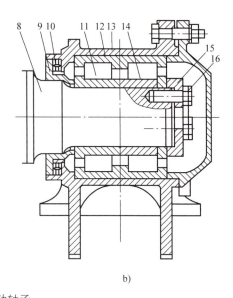

图 8-12 滚动轴承

a）圆锥滚动形轴承　b）圆柱滚动轴承

1、12—外圈　2—滚子　3、14—内圈　4—保持架　5—中隔圈　6—密封圈　7、10—骨架油封

8—车轴　9—防尘挡圈　11—滚柱　13—轴箱　15—内圈压板　16—轴箱盖

3. 滚动轴承轴箱的密封形式

我国城市轨道交通车辆上采用的滚动轴承装置按密封形式的不同可分为橡胶油封密封式轴箱体（图 8-13）和金属迷宫密封式轴箱体（图 8-14）。金属迷宫密封式轴箱体不带轴箱后盖，在轴箱体后端设有迷宫槽，迷宫槽的底部设有排水孔。

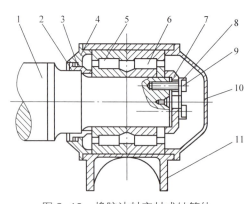

图 8-13　橡胶油封密封式轴箱体

1—车轴　2—防尘挡圈　3—油封　4—后盖　5—42726T（NP3226X1）轴承

6—152726T（NJP3226X1）轴承　7—压板　8—防松片　9—螺栓　10—前盖　11—轴箱体

项目八 城市轨道交通车辆轮对与轴箱装置的维护

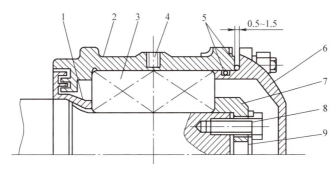

图 8-14 金属迷宫密封式轴箱体

1—防尘挡圈 2—轴箱体 3—圆柱滚子装置 4—轴温报警器安装孔 5—密封圈
6—轴箱前盖 7—压板 8—压板螺栓 9—防松片

4. 轴箱装置横向力传递顺序

假设轴箱相对于车体轮对向右偏移，则其横向力传递顺序如下。

右端：车轴→防尘挡圈→轴承内圈→滚子→轴承外圈→轴箱→转向架→车体。

左端：车轴→螺栓→内圈压板→轴承内圈→滚子→轴承外圈→轴箱后盖→螺栓→轴箱→转向架→车体。

5. 轴箱的定位方式

城市轨道交通车辆转向架轴箱定位方式主要有以下 3 种。

（1）转臂式轴箱定位 定位转臂一端通过弹性节点与构架上的定位转臂座相连；另一端用螺栓固定在轴箱体的承载座上。弹性节点主要由弹性橡胶套、定位轴（锥形销轴）和金属外套（锥形套）组成，其中弹性橡胶套的形状和参数对转向架走行性能影响较大。转臂式轴箱结构如图 8-15 所示。

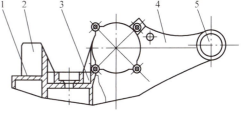

图 8-15 转臂式轴箱结构

1—油压减振器安装孔 2—轴箱控制杆座
3—弹簧托盘 4—轴箱体 5—弹性定位套孔

其优点是：轴箱与构架间无自由间隙和滑动部件，无摩擦损耗；构成的零件很少，分解、组装容易，且维修方便；轴箱的上下、左右及前后定位刚度可各自独立设定，比较容易满足转向架悬挂系统的最佳设计要求，即在确保良好乘坐舒适度的情况下，能够同时确保稳定的高速行驶性能和良好的曲线通过性能。

（2）八字形橡胶堆轴箱定位 八字形（也称人字形）橡胶堆具有三向弹性特性，且可根据需要设计。通常 $k_x : k_y : k_z =1 : (2\sim2.5) : (10\sim12)$，即垂向刚度 k_y 最小，纵向刚度 k_z 最大。在垂向载荷作用下，橡胶同时受剪切和压缩变形，改变其安装角度，可得到不同的垂向和纵向刚度，此安装一般取 10° 或 11°。该定位装置的优点是无摩擦磨损、质量小、结构简单，能吸收高频振动和减少噪声等，使用寿命可达 150 万走行千米以上。

（3）层叠圆锥橡胶轴箱定位　层叠圆锥橡胶具有三向轴向特性，且其横向弹性可通过在圆周上开切口来调整。在垂向载荷作用下，橡胶主要受剪切变形。层叠圆锥橡胶轴箱定位装置具有无摩擦磨损、质量小、结构简单，能吸收高频振动和减少噪声等优点。

6. 轴承游隙

轴承游隙包括径向游隙和轴向游隙两种。

（1）径向游隙　轴承径向游隙对轴承的工作性能有着重要的影响，每一种轴承在一定的作用条件下都有最佳的径向游隙，使轴承使用寿命长、摩擦阻力小、磨损小。径向游隙分为原始游隙、配合游隙和工作游隙 3 种。原始游隙是未装配的轴承内、外圈间的径向游隙，轴承装配后，内圈胀大，径向游隙减小。轴承工作后，随着温度升高，润滑油膜形成，径向游隙将进一步减小。若游隙过小，会使轴承工作温度升高，不利于润滑，影响力的正常传递，甚至会使滚子卡死；若游隙过大，会使轴承压力面积减小，压强增大，轴承使用寿命减少，振动与噪声增大。因此，选择合适的径向游隙非常重要。一般载荷大的轴承要求游隙较大，圆柱滚子轴承原始径向游隙一般范围为 0.11~0.19mm。

（2）轴向游隙　轴向游隙的作用是避免滚子端部与内、外圈挡边经常接触。轴向游隙不宜过小，一般成对圆柱轴承轴向游隙为 0.8~1.4mm。圆锥滚动轴承由于滚道承受轴向载荷，轴向间隙可以更小，其径向游隙和轴向游隙均可通过垫片调整到最佳状态。

7. 滚动轴承润滑脂

滚动轴承一般采用锂基润滑脂，润滑脂性能将直接影响轴承性能和使用寿命。车辆检修时，要注意检查润滑脂状态，如有结块、明显融化、发臭等现象，应拆下轴承检查并更换润滑脂，通常润滑脂填充量为轴承内自由空间的 30%~50%。若润滑脂过少，轴承润滑不足，会加剧轴承磨损，导致轴温升高；若填充过多，在高速情况下，特别容易引起轴承温度升高、润滑脂融化，并可能导致烧轴。

三、任务实施

轴箱装置日常检查。

检查项目	检查内容	图示	检查结果记录
轴箱外观	检查轴箱润滑脂是否有渗漏，轴箱箱体是否有裂纹，轴箱上防滑速度传感器探头、ATP 速度传感器测速电动机、接地回流装置是否安装良好，各电缆线是否有磨损和刮伤，线卡子是否固定良好，轴箱体吊环是否有变形、裂纹，紧固螺栓是否有松动，构架上吊环托是否有断裂		

（续）

检查项目	检查内容	图示	检查结果记录
轴箱紧固件	检查轴箱前盖固定螺栓是否有松动现象，防松线是否清晰，防松铁丝是否良好，铅封是否有缺失		
接地轴箱	检查接地轴箱安装是否良好，接线是否有破损		
轴箱前盖	检查前盖是否有凹陷、变形、锈蚀、尖角或毛刺、裂纹、腐蚀，检查所有橡胶件是否要更换		

四、任务评价

任务评价表

| 项目 | 评价标准 | 评价等级 | | |
		优	合格	不合格
专业知识测评	了解轴箱装置的组成、分类、作用			
	了解城市轨道交通车辆滚动轴承的形式			
	了解滚动轴承轴箱的密封形式			
	了解轴箱装置横向力传递顺序			
	了解轴箱的定位方式、轴承游隙			
	认知滚动轴承润滑脂			
专业能力测评	能检查轴箱端盖、接地装置外盖状态			
	能检查轴箱拉杆状态			
总评及建议				

任务三　一系弹簧悬挂的维护

一、任务目标

能检查一系弹簧悬挂的状态与连接，测量一系弹簧悬挂的高度。

二、知识准备

1. 弹簧悬挂装置的组成

车辆的弹性悬挂装置包括一系弹簧悬挂和二系弹簧悬挂，即轴箱悬挂装置和中央悬挂装置。按其作用不同可分为3类：第一类为主要起缓冲作用的弹簧装置，如中央弹簧、轴箱弹簧、橡胶垫等；第二类为主要起衰减振动作用的减振装置，如垂向减振器、横向减振器等；第三类为主要起弹性约束作用的定位装置，如轴箱定位装置、横向缓冲止挡等。

弹簧的分类如下：

1）扭杆弹簧和环弹簧（图8-16）。扭杆弹簧不同于螺旋弹簧，它只承受扭转变形，在载荷相同的情况下扭杆弹簧比螺旋弹簧质量小。环弹簧常用于缓冲器中。

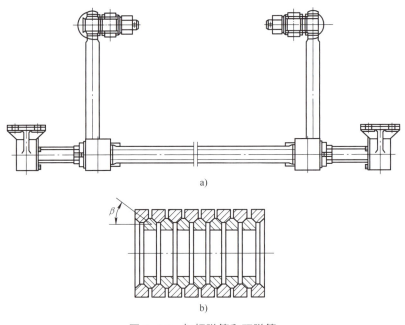

图8-16　扭杆弹簧和环弹簧
a）扭杆弹簧　b）环弹簧

2）橡胶弹性元件常常用于转向架弹簧装置和轴箱定位装置，弹簧支承面上采用橡胶缓冲垫、衬套、止挡等。

3）空气弹簧相对于钢弹簧，在改善车辆的动力性能和运行品质上具有显著的优点，所以在近代的城市轨道交通以及高速列车上获得了广泛的应用。

2. 一系弹簧悬挂的形式

不同类型的转向架一系弹簧悬挂的形式有所不同，第一类转向架采用人字形弹簧，轴箱定位方式为人字形橡胶堆轴箱定位；第二类转向架采用内、外圈螺旋钢弹簧，附加垂向向减振器，轴箱定位方式为转臂式定位；第三类转向架采用锥形橡胶弹簧，轴箱定位方式为层叠圆锥橡胶轴箱定位。下面以第一类转向架的人字形弹簧为例，介绍一系弹簧悬挂（图8-17）。

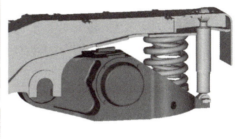

a)

b)

图 8-17 一系弹簧悬挂

a）实物图 b）模型图

人字形弹簧由4层钢板、4层橡胶和1层铝合金组成。弹簧使用寿命一般为8~10年，根据国内外使用经验，人字形弹簧如果使用前存放时间不超过1年，其使用寿命一般能满足一个大修期（10年）的要求。所以在5年架修时，需要对人字形弹簧重新进行选配，使用10年后全部报废处理。

3. 一系弹簧悬挂的检修

（1）人字形弹簧的检修　人字形弹簧容易出现的损伤主要有脱胶、变形及裂纹，通过目测及尺寸测量进行检查。人字形弹簧的日常检查主要检查橡胶件及弹簧座，应无明显裂纹、变形；月检时，需测量轴箱与构架的距离。日常检查时，要求橡胶与金属件之间无严重剥离。

（2）其他类型转向架的一系弹簧悬挂检修

1）第二类转向架的螺旋钢弹簧。螺旋钢弹簧容易出现的损伤为裂纹、折损和刚度衰减，需要对弹簧进行检查、探伤、变形量及压力试验。一系螺旋钢弹簧如图8-18所示。

① 裂纹和折损。弹簧的裂纹和折损容易发生在弹簧两端1.5~2圈内，裂纹一般从弹簧条内侧开始。这是因为弹簧受力矩和剪切的最大合成应力产生在弹簧条截面内侧边缘。产生裂纹和折损的原因主要是运用中经受大的冲击、超载或偏载过大，超出弹簧的负荷能力；其次是在弹簧制造或修理时，未能达到工艺要求。在检修弹簧时，应注意观察弹簧的螺距是否一致、相邻两圈弹簧条是否接触等，以此来判断弹簧是否有裂纹或折损，并进行探伤检查。发现裂纹和

折损时，必须更换。

图 8-18　一系螺旋钢弹簧

② 弹簧衰减。弹簧经过长期运用，特别是经过多次修理之后，易产生自由高度降低的现象，即为弹簧衰减。弹簧衰减的主要原因是长期使用中，承受负荷过大或弹簧腐蚀、磨耗后截面积减小，以及多次修理进行加热造成弹簧表面氧化脱碳而降低了弹簧的强度极限。对自由高度低的弹簧需要重新进行热处理来恢复自由高度。在检查时，需要进行自由高度及变形量检查。

③ 腐蚀及磨耗。弹簧的腐蚀表现在弹簧条直径减小，产生腐蚀的主要原因是氧化，其次是弹簧多次修理加热，造成表面氧化皮脱落。弹簧的磨耗主要发生在弹簧上、下两端支承面处，是由弹簧在载荷作用下发生转动摩擦造成的。

2）第三类转向架的锥形橡胶弹簧。锥形橡胶弹簧的检修与人字形弹簧基本一致，架修时需对弹簧进行变形量测量及重新选配。锥形橡胶弹簧如图 8-19 所示。

图 8-19　锥形橡胶弹簧

车辆静止状态下，若车辆轴箱顶部和转向架止挡之间的距离超限，则能反映出一系橡胶弹簧的蠕变量过大。橡胶是一种黏弹性材料，它表现为介乎弹性固体和黏性液体之间的性质。橡胶的性质对时间和温度有强烈的依赖性，其受力变形不仅和当时作用力大小有关，而且和温度的改变、力的作用时间相关，这就是橡胶的蠕变特性。一系轴箱弹簧为橡胶与金属钢板硫化而成，经过一段时间后可能会出现蠕变沉降的现象。弹簧发生蠕变超过标准尺寸后，转向架构架四角将发生偏差，轮重的分配也会改变，也会影响牵引电动机与联轴节的同心度，对运营安全影响甚大，因此要及时调整处理。

三、任务实施

检查一系弹簧悬挂。

检查项目	检查内容	图示	检查结果记录
一系弹簧悬挂外观	检查橡胶件及弹簧座，应无明显裂纹、变形		
一系弹簧悬挂高度	测量轴箱与构架的距离		

四、任务评价

任务评价表

项目	评价标准	评价等级		
		优	合格	不合格
专业知识测评	了解弹簧悬挂装置的组成			
	了解一系弹簧悬挂的形式			
	了解一系弹簧悬挂的检修			
专业能力测评	能检查一系弹簧悬挂的状态与连接，测量一系弹簧悬挂的高度			
总评及建议				

Project 9
项目九
城市轨道交通车辆驱动装置的维护

项目描述

牵引驱动装置在转向架中可以实现传递纵向力和转向功能。本项目将介绍对中央牵引装置、牵引电动机、联轴节和齿轮箱设备的维护。

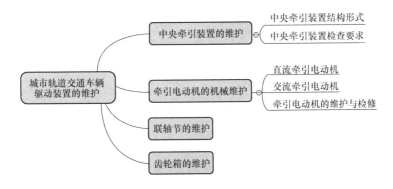

任务一　中央牵引装置的维护

一、任务目标

1. 能检查横向止挡连接紧固件是否有松动，橡胶件外观是否正常。
2. 能检查牵引杆外观是否良好，连接螺母是否紧固，开口销有无丢失。

二、知识准备

1. 中央牵引装置的结构形式

城市轨道交通车辆普遍采用了无摇枕结构的转向架。由于没有摇枕,车体直接坐落于空气弹簧上,必须靠牵引装置来实现摇枕所具有的传递纵向力和转向功能。

每个转向架设有一套中央牵引装置,如图9-1所示,它采用传统的Z形拉杆结构,主要由中心销、牵引梁、横向油压减振器、中心销套等组成。

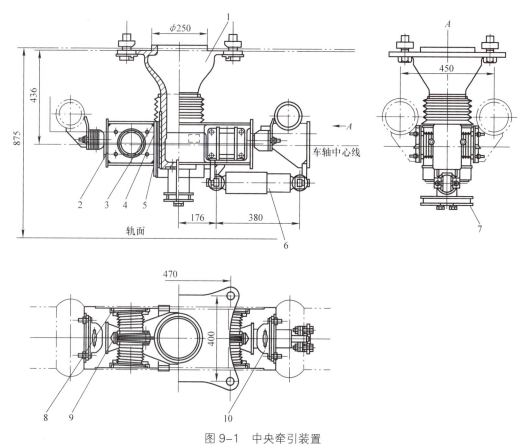

图9-1 中央牵引装置

1—中心销 2—牵引梁 3—防尘罩 4—衬套 5—中心销套 6—横向油压减振器
7—空气弹簧异常上升止挡 8—安装板 9—牵引叠层橡胶 10—横向缓冲橡胶

中心销的上端通过定位脐和6个螺栓固定在车体枕梁中心,下端插入牵引梁内,通过中心销套将中心销与牵引梁固定在一起,牵引梁和构架间通过两个呈Z形布置的牵引拉杆连接。中心销套为橡胶金属件,内、外层均为金属件,中间层为橡胶件,这种结构消除了中心销、中心销套、牵引梁之间的间隙,实现了无间隙牵引;中心销套中的橡胶层变形还可满足车体和转向架间的相对转动,从而消除磨耗。中心销、牵引梁与中心销套的配合均为金属件之间的配合,消除了橡胶蠕变的影响,保证了性能的稳定。

牵引梁采用钢板焊接结构,可以看成是小型的转向架摇枕。牵引梁通过两根牵引杆悬挂在转向架构架上。中心销采用整体式铸件结构,结构简单、强度大、安全性高。横向挡组成由柔性横向缓冲器和刚性的横向止挡组成,采用柔性的横向缓冲器是为了与低横向刚度的空气弹簧相适应,能有效缓解车辆的横向振动;采用刚性的横向止挡是为了限制车体的横向位移,保证车辆满足限界要求。在车辆发生横向振动时,横向减振器会施加适当的阻尼力,改善车辆的横向悬挂特性。每台转向架使用两个呈Z形布置的牵引杆,它的两端为弹性橡胶节点。牵引杆的一端与构架相连,另一端与牵引梁相连。在牵引梁和构架间设有垂向止挡。在中心销落入牵引梁中心孔后,将下盖用大螺栓安装在中心销上。当需要对车辆进行起吊时,在吊起车体的同时,下盖会与牵引梁贴合,牵引梁和构架间的垂向止挡也会贴合,传递垂向力的作用,将转向架一同吊起。牵引连接装置如图9-2所示。

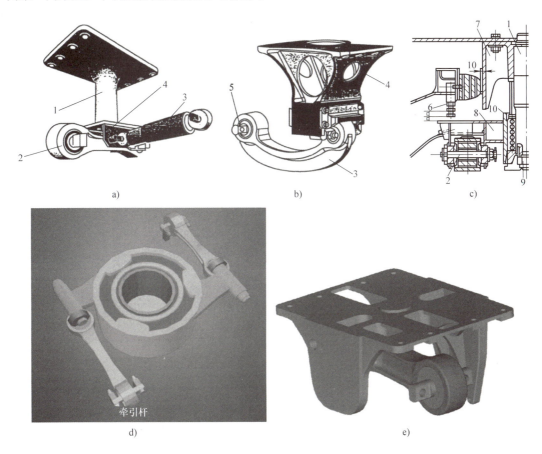

图9-2 牵引连接装置

1—中心销 2—牵引杆 3—减振器 4—牵引座 5—轴 6—起吊保护螺栓 7—中心销导架
8—中心架 9—定位螺母 10—复合橡胶衬套

2.中央牵引装置的检查要求

日常检查要求:

1）检查牵引拉杆及附件，应无松动、无损坏。

2）检查中心销槽形螺母及开口销，应无松动、无脱落。

3）检查下心盘与中心销套筒之间的距离，应符合要求。

4）检查架车保护螺栓与下心盘上部的距离，应符合要求。

5）检查横向止挡缓冲橡胶，应无缺损。

三、任务实施

检查中央牵引装置。

检查项目	检查内容	图示	检查结果记录
横向止挡	检查横向止挡缓冲橡胶，应无缺损		
牵引杆	检查牵引拉杆及附件，应无松动、无损坏。检查中心销槽形螺母及开口销		

四、任务评价

任务评价表

项目	评价标准	评价等级		
		优	合格	不合格
专业知识测评	了解中央牵引装置的结构形式			
	了解中央牵引装置的检查要求			
专业能力测评	能检查横向止挡连接紧固件是否有松动，橡胶件外观是否正常			
	能检查牵引杆外观是否良好，连接螺母是否紧固，开口销有无丢失			
总评及建议				

任务二　牵引电动机的机械维护

一、任务目标

1. 能检查电动机与构架的连接紧固件是否松动。
2. 能检查电动机接线盒、外接电缆密封件状态。能检查外接电缆与其他部件间有无干涉。
3. 能检查牵引电动机表面状态。
4. 能检查、清理进/出风口状况。

二、知识准备

城市轨道交通车辆交流牵引电动机有旋转电动机和直线电动机两种，其功能都是将电能转化为动能。旋转牵引电动机用于驱动每个动车转向架的动车轮对，而直线电动机用于驱动安装电动机的转向架。本书以旋转电动机为例进行介绍。使用旋转牵引电动机的列车上，牵引电动机为笼型感应电动机；直线电动机牵引系统的电动机一般是次级结构。

牵引电动机分为直流牵引电动机和交流牵引电动机。交流牵引电动机实物图如图9-3所示。

图9-3　交流牵引电动机实物图

1. 直流牵引电动机

（1）直流牵引电动机的结构　直流牵引电动机的结构如图9-4所示，其主要组成部件与主要作用见表9-1。

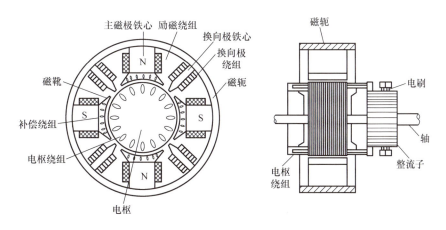

图9-4　直流牵引电动机的结构

表 9-1 直流牵引电动机的主要组成部件与主要作用

部位	主要组成部件			主要作用
	名称	部件组成	使用材料	
定子	主磁极	主磁极铁心	热轧软钢板	产生磁通，建立主磁场
		主磁极绕组	漆包线或绝缘扁铜线	
	换向极	换向极铁心	热轧软钢板	改善换向
		换向极绕组	绝缘扁铜线	
	补偿绕组		绝缘扁铜线	改善负载特性，改善换向
	磁轭		铸钢或热轧软钢板	提供磁路
	电刷		石墨粉	连接电枢绕组与外电路
转子	电枢	电枢铁心	硅钢片	产生电磁转矩，实现机电能量转换
		电枢绕组	漆包线或绝缘扁铜线	
	换向器	换向片	含少量银的铜合金	提供电流、整流、换向
		云母片	云母层压板，绝缘	
	轴		碳素钢	传递转矩

（2）直流牵引电动机的分类　根据励磁方式的不同，直流牵引电动机主要分为他励直流电动机、并励直流电动机、串励直流电动机和复励直流电动机 4 种类型。

他励直流电动机的励磁绕组与电枢绕组无连接关系，而由其他直流电源对励磁绕组供电。并励直流电动机的励磁绕组与电枢绕组并联，电动机本身输出的端电压为励磁绕组供电，励磁绕组与电枢共用同一电源，从性能上与他励直流电动机相同。串励直流电动机的励磁绕组与电枢绕组串联，再接于直流电源上，这种直流电动机的励磁电流就是电枢电流。复励直流电动机有并励和串励两个励磁绕组，若串励绕组产生的磁通势与并励绕组产生的磁通势方向相同，则称为积复励；若两个磁通势方向相反，则称为差复励。

（3）直流牵引电动机在城市轨道交通车辆中的应用

1）城市轨道交通车辆中直流串励牵引电动机的调速。由式 $n=\dfrac{E_a}{C_e\Phi}=\dfrac{U_d I_a R_a}{C_e\Phi}$ 可知，可通过改变牵引电动机的端电压 U_a 和改变牵引电动机的主极磁通 Φ 两种途径来调节电动机的转速。

2）直流牵引电动机的制动有机械制动和电气制动两种方式。其中，电气制动是使电动机的电磁转矩与电动机的转向相反，使电动机由牵引时的电动状态改为发电状态，将已有的机械能转变为电能，从而形成制动转矩。牵引电动机所产生的电能，如果利用电阻发热使之转化为热能散掉，则称为电阻制动或能耗制动；如果将电能重新反馈回电网中加以利用，则称为再生制动或回馈制动。

直流牵引电动机具有优良的牵引和制动性能，通过调节端电压和励磁，可较为方便地进行调速。但直流牵引电动机的换向器结构存在一定的缺陷，使电动机存在换向困难、结构复杂、工作可靠性较差、制造成本高和维修工作量大等缺点，特别是在高电压大功率时，换向更加困难，使电动机的工作可靠性降低。

2. 交流牵引电动机

随着大功率晶闸管和全控型电力电子器件的迅速发展，可调压调频的逆变装置成功解决了交流牵引电动机的调速问题。交流牵引电动机无换向器，消除了由此引发的问题，而且交流牵引电动机具有结构简单、维修方便、体积小、质量小、转速高、功率大等优点，在城市轨道交通领域中迅速取代了直流牵引电动机。

城市轨道交通车辆普遍采用交流异步牵引电动机，这是因为同步电动机需要集电环和电刷，或者在转子上安装旋转整流器，不适用于频繁起动和停止的工作需要，也不能在轮径不同或牵引电动机转速有差别时，由一台逆变器驱动多台电动机并联工作。异步电动机在空间利用和重量上都优于同步电动机，因此被广泛应用。异步电动机采用VVVF控制，即直流电通过逆变器转变为三相交流电，用电压和频率的变化来控制异步电动机的转速变化，获得最佳的调速性能，同时可实现再生制动。

（1）交流牵引电动机分类　交流牵引电动机按转子结构不同可分为笼型异步电动机和绕线转子异步电动机。绕线转子异步电动机的结构如图9-5所示。

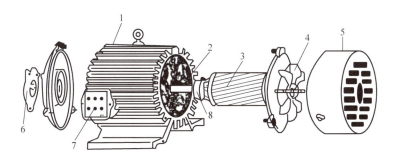

图9-5　绕线转子异步电动机的结构

1—散热片　2—定子　3—转子　4—风扇　5—罩壳　6—轴承盖　7—接线盒　8—轴承

（2）交流异步电动机的转速控制　异步电动机的转差率公式为 $n = n_1(1-s) = (60f_1/p)(1-s)$，其中，$n_1$为同步转速（旋转磁场），$n$为转子转速，$s$为转差率，$p$为磁极对数，$f_1$为供电电网的频率。由公式可知，可通过以下3种方法进行调速：改变定子绕组的磁极对数p——变极调速；改变电动机的转差率s——改变电源电压调速和绕线转子异步电动机转子串电阻调速等；改变供电电网的频率f_1——变频调速。

（3）交流异步电动机的反转　三相异步电动机的旋转方向取决于定子磁场的旋转方向。改变旋转磁场的方向就能使三相异步电动机反转，即将三相接线端中任意两相接线端对调，改变三相顺序，改变旋转磁场的方向，即可使三相异步电动机反转。

3. 牵引电动机的维护与检修

（1）直流牵引电动机的维护与检修

1）换向器的维护与检修。观察换向器工作面的氧化膜色泽是否良好；经常用干燥的压缩空气吹扫换向器表面；检查换向器 V 形云母环伸出部分的表面状态，该部分应保持清洁。

2）电刷装置的维护与检修。

① 检查刷握及连线紧固螺钉是否松动，特别是刷架连线接头是否接触良好。

② 将电刷在刷盒孔内上下移动几次，除去碳粉及其他杂物，保持电刷活动自如。

③ 用弹簧秤检查电刷压力是否在规定的范围内，同一刷盒的电刷压力不应相差 3N。

④ 检查使用的电刷牌号，它应和电动机制造厂家规定的一致。更换电刷时，同一电动机应使用同一厂家同一牌号的电刷。

⑤ 检查刷盒底面相对换向片的平行度，确认符合技术要求，刷盒底面与换向器表面距离应在 2~4mm 范围内。

⑥ 换电刷前，应先打磨电刷接触面，使其与换向器圆弧面贴合，以保证良好的换向。

⑦ 检查并调整刷盒，以保证刷盒上的电刷在电枢窜动范围内都在换向器工作面上。

⑧ 应经常用干燥的高压空气吹扫刷盒，用干净布擦拭绝缘杆外表面的油污及污物。

⑨ 锉掉连线接头和刷盒上因飞弧造成的铜瘤或铜毛刺。

⑩ 更换损坏刷杆时，应重校刷杆等分度。

⑪ 检查刷架圈定位销及撑紧装置的固定情况。

（2）交流牵引电动机的维护与检修

1）定子绕组的维护与检修。定子绕组检查的重点是其绝缘性能。不应有破损、老化和过热现象。

2）转子的维护与检修。

① 转子检修时，若发现转子铸铝导条断裂应更新处理。

② 转轴与铁心之间的装配不应有松弛、位移。

③ 转轴轴径尺寸及表面粗糙度应符合规定。

3）电动机端盖、轴承及轴承盖的维护与检修。

① 检查轴承盖是否有裂纹，局部裂纹可焊修。

② 检查轴承表面，若有轻微锈迹，可用细砂纸或擦铜油擦拭。

③ 端盖的轴承镶入孔尺寸及表面粗糙度应符合规定要求。

4）其他方面。

① 检查机座是否有破损、裂纹，定子铁心与机座的压装配合不应有松弛与位移。

② 检查接线板是否有放电和裂纹，检查引线、接线端子连接是否良好。引线绝缘若有老化、龟裂，应更换。

③ 经常清扫机座的灰尘和油垢，以保证电动机有良好的散热能力。

三、任务实施

检查牵引电动机的机械构件。

检查项目	检查内容	图示	检查结果记录
电动机紧固件	检查电动机与构架的连接紧固件是否松动	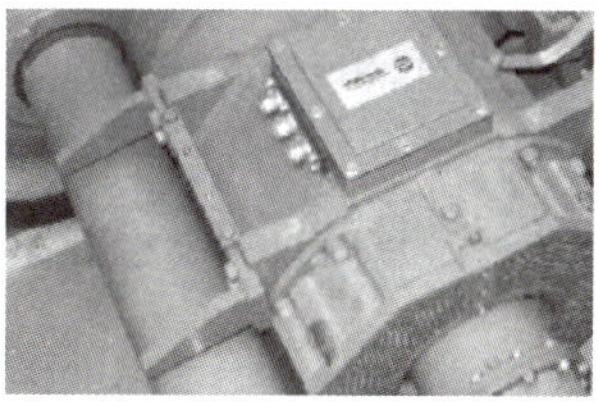	
电动机连接线	检查电动机接线盒、外接电缆密封件状态，外接电缆与其他部件间应无干涉	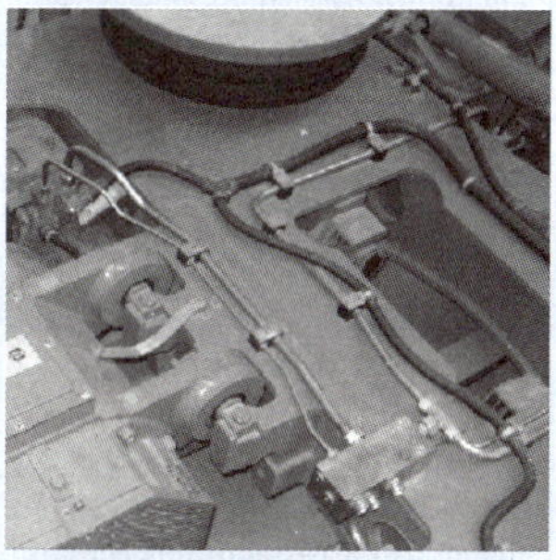	
电动机表面	检查牵引电动机表面状态；检查、清理进/出风口状况		

四、任务评价

任务评价表

项目	评价标准	评价等级		
		优	合格	不合格
专业知识测评	认知直流牵引电动机			
	认知交流牵引电动机			
	了解牵引电动机的维护与检修			

（续）

项目	评价标准	评价等级		
		优	合格	不合格
专业能力测评	能检查电动机与构架的连接紧固件是否松动			
	能检查电动机接线盒、外接电缆密封件状态。能检查外接电缆与其他部件间有无干涉			
	能检查牵引电动机表面状态			
	能检查、清理进/出风口状况			
总评及建议				

任务三　联轴节的维护

一、任务目标

能检查两半联轴节间连接紧固件是否松动，注油孔螺栓画线是否有错位，润滑油是否渗漏。

二、知识准备

联轴节（图 9-6）的作用是传递转矩，产生牵引力和制动力，同时具有调整电动机与齿轮轴同轴度的作用。常用的联轴节是机械联轴节，在检修时应根据需要采用相关的检修工艺和标准。

图 9-6　联轴节

三、任务实施

检查联轴节。

检查项目	检查内容	图示	检查结果记录
联轴节	要求联轴节无损坏，注油孔螺栓画线无错位，无漏油，螺栓无松动	 联轴节	

四、任务评价

任务评价表

项目	评价标准	评价等级		
		优	合格	不合格
专业知识测评	认知联轴节			
专业能力测评	能检查两半联轴节间连接紧固件是否松动，注油孔螺栓画线是否有错位，润滑油是否渗漏			
总评及建议				

任务四　齿轮箱的维护

一、任务目标

1. 能检查齿轮箱安装件及箱体情况，窥视镜外观及油位情况，判断油色。
2. 能够清洁并检查迷宫盖、齿轮箱吊杆及橡胶件完好状况，齿轮箱防脱落杆连接情况。

二、知识准备

齿轮箱是安装在电动机与轮对之间的减速装置，并传递牵引力和制动力，如图9-7所示。齿轮箱及悬挂装置主要包括齿轮箱、大齿轮、小齿轮、轴承、密封件、紧固件等，有些齿轮箱还设置有中齿轮。

齿轮箱体有漏油现象时，若漏油处是在上、下箱体的分界面处，通常是由于分界面处的纸垫损坏造成的；若漏油处是在齿轮箱固定螺栓处，通常是由于螺纹处漏油引起的。

液压减振器漏油、齿轮箱漏油的故障处理：为防止液压减振器漏油和齿轮箱漏油，要定期进行跟踪、排查，确定是否本身安装有问题。液压减振器漏油严重的要进行更换，齿轮箱漏油要检查连接螺栓的紧固情况以及箱体的密封是否良好。

图 9-7　齿轮箱

三、任务实施

检查齿轮箱各部件。

检查项目	检查内容	图示	检查结果记录
齿轮箱箱体	检查齿轮箱油位、是否漏油，油堵吸附铁屑状况、齿轮箱的紧固状况。检查齿轮箱安装件及箱体情况		
窥视镜	检查窥视镜外观及油位情况，判断油色		
迷宫盖、齿轮箱吊杆	检查迷宫盖、齿轮箱吊杆及橡胶件是否完好		
齿轮箱防脱落杆	检查齿轮箱防脱落杆连接是否正常		

四、任务评价

任务评价表

项目	评价标准	评价等级		
		优	合格	不合格
专业知识测评	认知齿轮箱			
专业能力测评	能检查齿轮箱安装件及箱体情况，窥视镜外观及油位情况，判断油色			
	能够清洁并检查迷宫盖、齿轮箱吊杆及橡胶件完好状况，齿轮箱防脱落杆连接情况			
总评及建议				

篇目三
城市轨道交通车辆制动与风源系统的维护

Project 10

项目十

城市轨道交通车辆制动系统的维护

项目描述

城市轨道交通车辆的机械结构中，最为重要的就是制动系统。它是保证车辆正常运营，保证车辆和人员安全的重要环节。本项目将对制动系统中的基础制动单元的维护、制动系统管路的维护和制动系统功能的调试进行讲解。

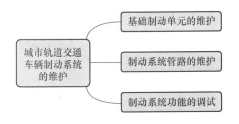

城市轨道交通车辆制动系统

任务一　基础制动单元的维护

基础制动单元

一、任务目标

1. 能检查基础制动单元紧固状态，能检查、清洁制动夹钳。

2. 能检查基础制动单元锁紧片、橡胶保护套、闸瓦卡簧、恢复扭簧、开口销状态。

二、知识准备

1. 基础制动装置结构

闸瓦制动装置 PEC7 具有以下结构特性：

1）结构紧凑，无连杆。

2）通过单动的排量调节器自动修正闸瓦和轮子磨耗造成的闸瓦间隙。

3）空气消耗量稳定。

4）通过压缩空气可在驾驶台上集中操纵弹簧式储能器。

5）在更换制动块时无须进行调整工作。

单元制动机主要有两种，其中一种带停放制动功能。两种单元制动机数量相等，每轴安装一个带停放功能的单元制动机，在转向架内部斜对称布置。单元制动机如图 10-1 所示。

闸瓦制动装置 PEC7 是气动操纵的制动设备，用于城市轨道交通车辆。它由制动气缸、变速机构和磨耗调节器组合而成。因其紧凑、节省空间的卧式和立式结构，特别适合安装在空间狭窄的转向架上。制动装置如图 10-2 所示。

无论是带半悬挂的弹簧式储能器还是带驻车制动杆的类型，都可作为常用制动器或驻车制动器使用。弹簧式储能器由压缩空气控制，使列车中所有的驻车制动器都可从驾驶台上集中起动和松开。PEC7 系列闸瓦制动装置的型号标识按系列划分，并含有关于构造形式、装备以及在转向架上固定的信息。

图 10-1　单元制动机

2. 不带弹簧式储能器的闸瓦制动装置

不带弹簧式储能器（松闸状态）的闸瓦制动装置 PEC7 如图 10-3 所示：活塞在外罩中滑动，被活塞回位弹簧保持在松弛状态，由两个活塞销将其与两个凸轮盘相连接。凸轮盘由轴承销支承在外罩中。止动

图 10-2　制动装置

环与其凸轮滚柱一起靠在凸轮盘上。在止动环上有调节机构及复位六角头。调节机构在前端上有连杆头和销钉，使之与制动蹄片相连。制动蹄片经连接销、吊耳、吊耳螺杆和扭转弹簧与外罩相连。摩擦件装在吊耳的一个孔内，受弹簧负荷。制动闸瓦装在制动蹄片中，由楔式制动块和楔形闩固定住。波纹管将外壳正面密封，以防脏物和水进入。在外壳最低点处有一个通气塞（排气口）。

项目十
城市轨道交通车辆制动系统的维护

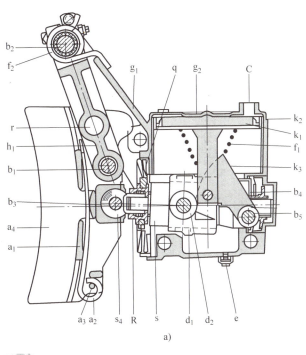

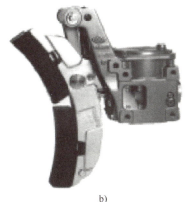

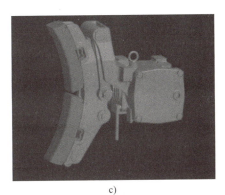

图 10-3　不带弹簧式储能器（松闸状态）的闸瓦制动装置 PEC7

a_1—制动蹄片　a_2—楔式制动块　a_3—楔形闩　a_4—制动闸瓦　b_1—连接销　b_2—吊耳螺杆　b_3—销钉　b_4—活塞销　b_5—轴承销　d_1—止动环　d_2—凸轮滚柱　e—通气塞　f_1—活塞回位弹簧　f_2—扭转弹簧　g_1—外罩　g_2—气缸盖　h_1—吊耳　k_1—活塞　k_2—活塞垫圈　k_3—凸轮盘　q——波纹管　r—摩擦件　s—调节机构　s_4—连杆头　C—压缩空气接口（用于常用制动器气缸）　R—复位六角头

3. 带弹簧式储能器的闸瓦制动装置

弹簧式储能器（松闸状态）如图 10-4 所示。活塞在气缸中滑动，其通过锥体离合器和螺母与螺纹转轴相连，在罩盖和活塞间装有储能弹簧。弹簧式储能器可以只装 1 个储能弹簧，盘形弹簧组一侧支承在活塞上，一侧支承在螺母上，将锥体离合器保持在关闭位置。制转杆装在弹簧式储能器的盖中，可转动，它由扭转弹簧将一端压入齿轮的轮齿中，从而与螺纹转轴紧固连接。在弹簧式储能器的盖中还装有锁定销，锁定销沿轴向移动，并被压缩弹簧向下压。推杆同样装在盖中并可移动，由回位弹簧支承。

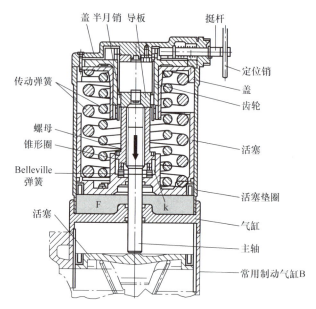

图 10-4　弹簧式储能器（松闸状态）

4. 基础制动单元维护

闸瓦制动装置不需要特殊的维护，只需对连杆头、复位六角头上的波纹伸缩管以及驻车制动杆上的波纹管进行定期检查，看是否有损坏。有损坏的波纹管必须更换，以防湿气和水进入闸瓦制动装置而引起功能故障。应检查闸瓦制动装置或弹簧式储能器外壳上的通气滤清器通气塞是否畅通，需要时用一个棒状工具将其清洁干净。制动闸瓦的更换步骤如下：

1）将已转出的螺纹转轴通过将复位六角头转至止挡位置进行复位。

2）卸下楔形闩和楔式制动块。

3）取出已磨损的制动闸瓦。

4）放入制动闸瓦并装上楔式制动块。

5）装入楔形闩。

6）使制动器做好运行准备，在驻车制动器松闸的状态下（弹簧式储能器进气）进行多次操作，闸瓦间隙自动调整。

7）测量闸瓦间隙，必须符合车辆技术资料中给出的数值。

闸瓦制动装置的检修周期取决于车辆使用地区的运行条件。确定检修周期时，必须保证在两次检修之间闸瓦制动装置的功能正常。检修工作按照各闸瓦制动装置所适用的检修指南进行。

三、任务实施

检查基础制动单元。

检查项目	检查内容	图示	检查结果记录
制动夹钳	检查基础制动单元紧固状态是否良好,检查、清洁制动夹钳		
基础制动单元零件	检查基础制动单元锁紧片、橡胶保护套、闸瓦卡簧、恢复扭簧、开口销状态	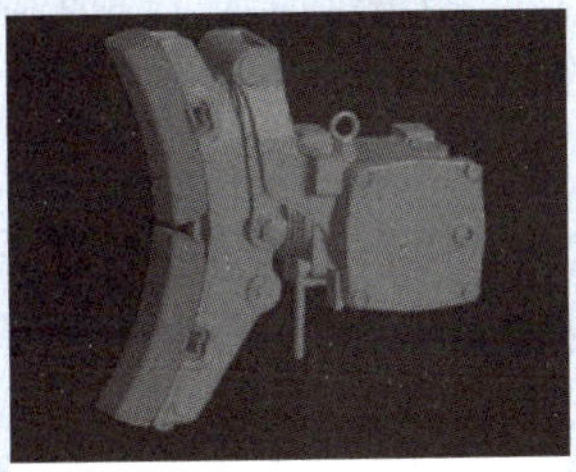 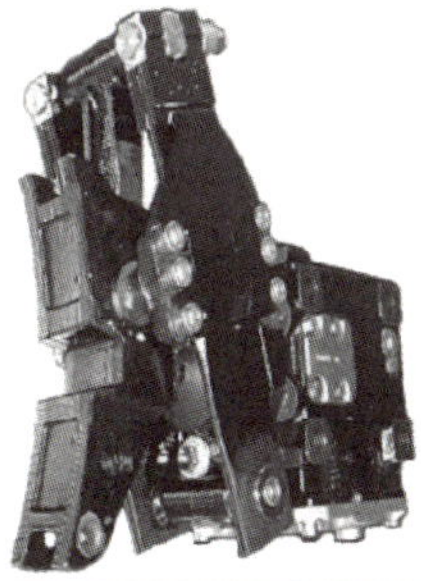	

四、任务评价

任务评价表

项目	评价标准	评价等级		
		优	合格	不合格
专业知识测评	了解基础制动装置结构			
	了解不带弹簧式储能器的闸瓦制动装置			
	了解带弹簧式储能器的闸瓦制动装置			
	了解基础制动单元维护			

(续)

项目	评价标准	评价等级		
		优	合格	不合格
专业能力测评	能检查基础制动单元紧固状态，能检查、清洁制动夹钳			
	能检查基础制动单元锁紧片、橡胶保护套、闸瓦卡簧、恢复扭簧、开口销状态			
总评及建议				

任务二　制动系统管路的维护

一、任务目标

能检查制动系统管路是否泄露，完成保压试验。

二、知识准备

管路是气源及制动系统的重要组成部分，起着输送压力空气的作用。空气制动系统的布置图如图 10-5 所示。带有空气压缩机组的拖车管路系统如图 10-6 所示。

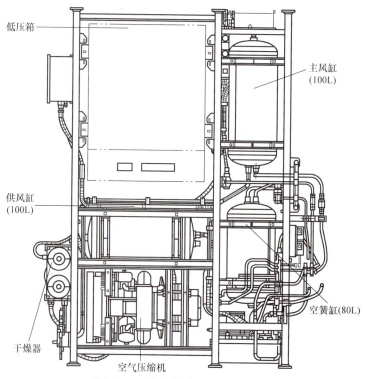

图 10-5　空气制动系统的布置图

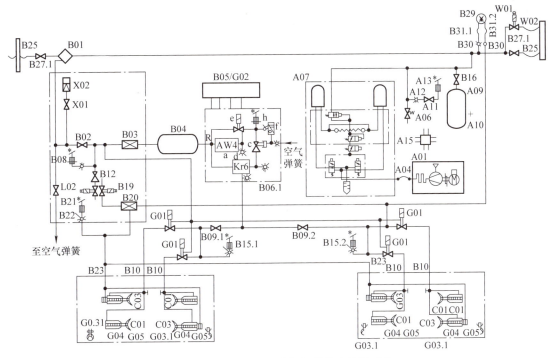

图10-6 带有空气压缩机组的拖车管路系统

A—供风系统　B—制动系统　C—基础制动　G—防滑系统　L—空气弹簧系统　W—车钩　X—车间供气

三、任务实施

检查制动系统管路。

检查项目	检查内容	图示	检查结果记录
管路	检查制动系统管路是否泄露,完成保压试验		

四、任务评价

任务评价表

项目	评价标准	评价等级		
		优	合格	不合格
专业知识测评	认知制动系统管路			
专业能力测评	能检查制动系统管路是否泄露,完成保压试验			
总评及建议				

任务三　制动系统功能的调试

一、任务目标

能测试停放制动功能状态，测试制动自检。

二、知识准备

1. 制动方式

制动方式可按制动时动能转移方式、制动力获取方式、制动源动力、制动机的形式的不同进行分类。

（1）按制动时动能转移方式分类　　列车动能的转移方式可以分为两类：一是摩擦制动方式，即动能通过摩擦副的摩擦转变为热能，然后消散于大气；二是电（动力）制动方式，即把动能通过发电机转化为电能，然后将电能从车上转移出去。

1）摩擦制动。城市轨道交通车辆常用的摩擦制动方式有闸瓦制动和盘形制动，高速列车或在路面行驶的城市轨道交通车辆制动系统中常采用轨道电磁制动，对于高速列车还有采用涡流制动等方式的。

① 闸瓦制动。闸瓦制动（图10-7）又称为踏面制动。它是最常用的一种制动方式，制动时闸瓦压紧车轮，轮瓦间发生摩擦，列车的动能大部分通过轮瓦间的摩擦转变成热能，经车轮与闸瓦最终散失出去。

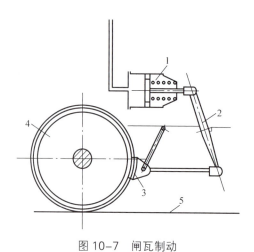

图10-7　闸瓦制动
1—制动缸　2—基础制动装置　3—闸瓦　4—车轮　5—钢轨

② 盘形制动。盘形制动装置有两种，分别为轴盘式和轮盘式盘形制动装置。一般拖车采用轴盘式盘形制动装置；动车由于轮对中间设有牵引电动机等设备，使安装制动设备较困难，

所以一般采用轮盘式盘形制动装置。制动时，制动缸通过制动夹钳使闸片夹紧制动盘，在闸片与制动盘间产生摩擦，把列车的动能转变为热能，热能通过制动盘和闸片散于大气。盘形制动如图10-8所示。

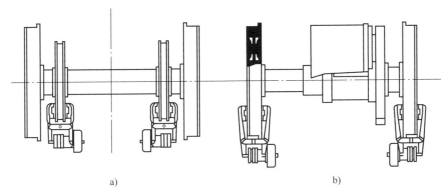

图10-8　盘形制动

a）轴盘式　b）轮盘式

③ 轨道电磁制动。轨道电磁制动也称为磁轨制动，制动时将电磁铁放下，使磨耗板吸在钢轨上，列车的动能通过磨耗板与钢轨的摩擦转化为热能，然后经钢轨和磨耗板最终散于大气中。轨道电磁制动如图10-9所示。

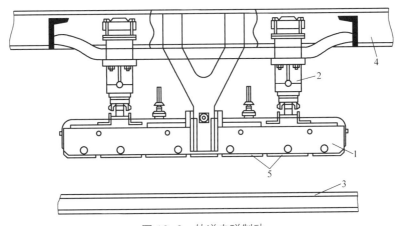

图10-9　轨道电磁制动

1—电磁铁　2—升降风缸　3—钢轨　4—转向架构架侧梁　5—磨耗板

④ 涡流制动。涡流制动利用电磁铁和钢轨（或金属盘）的相对运动，使其在钢轨中感应出涡流，产生电磁吸力作为制动力。

2）电（动力）制动。电（动力）制动是在制动时，将牵引电动机转变为发电机运行，使列车的动能转变为电能。对这些电能的不同处理方式就形成了不同的电制动方式。目前，采用的电制动形式主要有再生制动和电阻制动。在制动实施时优先电制动，电制动实施时优先再生制动。

① 再生制动（回馈制动）。再生制动是把列车的动能通过电机转化为电能后，使其反馈回电网供给本车或其他列车使用。显然这种方式既能节约能源，又能减少制动时对环境的污染，并且基本上无磨耗，因此是一种较为理想的制动方式。

② 电阻制动（能耗制动）。电阻制动是将发电机发出的电能送到电阻器中，使电阻器发热，热量通过风扇强制通风或走行风而散于大气中。

（2）按制动力获取方式分类　按列车制动力的获取方式分类，制动可分为黏着制动与非黏着制动。

1）黏着制动。由于车辆重力的作用，车辆与钢轨的接触处为椭圆形的接触面，制动时车轮在钢轨上处于边滚边滑（基本上是滚动）的状态。这种状态称为黏着状态。制动是由轮轨之间的相互作用产生的，车轮给钢轨一个切向力，钢轨给车轮一个反作用力，该力受轮轨表面黏着状态条件影响，最大制动力受限于最大黏着力。

2）非黏着制动。制动时，制动力大小不受黏着力限制的制动方式称为非黏着制动。非黏着制动的制动力不是从轮轨之间获取的，因而它可以得到较大的制动力。

（3）按制动源动力分类　在目前电动车组所采用的制动方式中，制动源动力主要有压缩空气、液压和电。以压缩空气为动力的制动方式称为空气制动方式，如踏面制动、盘形制动等均为空气制动方式。以电为动力的制动方式称为电气制动方式。电（动力）制动及轨道电磁制动等均为电气制动方式。

（4）按制动机的形式分类　车辆制动机是制动系统的控制核心，它可以在司机或其他控制装置（如 ATP、ATC 等）的控制下产生各种制动作用。城市轨道交通车辆和高速列车用的制动机一般均为电空制动机，如我国自行研制的 SD 数字式电空制动机及目前在国内、外大量使用的模拟式电空制动机。现在我国铁路客货车用的制动机大都为空气制动机或电空制动机。

2. 制动模式

根据车辆的运行要求，制动系统采用以下几种制动模式。

（1）常用制动　常用制动在正常运行下调解或控制动车列车速度，包括进站停车所实施的制动，特点是作用缓和且制动力可以连续调节，制动过程中能够根据车辆载荷自动调整制动力，当常用制动力最大时即为常用全制动。

（2）紧急制动　紧急制动是紧急情况下为使列车尽快停止而进行的制动，特点是作用比较迅速，而且将列车制动能力全部使用。紧急空气制动系统的设计原则为"失电制动，得电缓解"。紧急制动的制动力与快速制动相同。紧急制动时考虑了脱弓、断钩、断电等故障情况，故只采用空气制动，而且停车前不可缓解，在尽可能减小冲动的情况下不对冲动进行具体限制。

（3）快速制动　快速制动是为了使列车尽快停车而实施的制动，其制动力高于常用全制动（上海、广州城市轨道交通车辆快速制动力高于常用全制动22%）。这种制动方式是在紧急情况下、制动系统各部分作用均正常时所采取的一种制动方式，其特点与常用制动相同，制动过程可以施行缓解。

快速制动受冲击率极限的限制，主控制器手柄回"0"位可缓解，具有防滑保护和载荷修正功能。

（4）保压制动　保压制动可防止车辆在停车前冲动，使车辆平稳停车，保压制动通过 ECU 内部设定的执行程序来控制。

第一阶段：当列车制动到速度为 8km/h 时，DCU 触发保压制动信号，同时输出给 ECU，这时，由 DCU 控制的电制动逐步退出，而由 ECU 控制的气制动来替代。

第二阶段：接近停车时（列车速度为 0.5km/h），一个小于制动指令（最大制动指令的70%）的保压制动由 ECU 开始自动实施，即瞬时地将制动缸压力降低。如果由于故障，ECU 未接收到保压制动触发信号，ECU 内部程序将在 8km/h 的速度时自行触发。

（5）弹簧停放制动　为防止车辆在线路停放过程中发生溜逸，城市轨道交通车辆设置停放制动装置。停放制动通常是将弹簧停放制动器的弹簧压力通过闸瓦作用于车轮踏面来形成制动力。以前停放制动也称为停车制动或弹簧停车制动，但在城市轨道交通列车中，停车制动是另外一个概念，所以为区别开来，称为停放制动。采用停放制动在库内停车时，可以解决制动缸压力会因管路漏泄，无压力空气补充而逐步下降到零，使车辆失去制动力的停放问题。在正常情况下，弹簧力的大小不随时间而变化，由此获得的制动力能满足列车较长时间断电停放的要求。弹簧停放制动的缓解风缸充气时，停放制动缓解；弹簧停放制动的缓解风缸排气时，停放制动施加。弹簧停放制动还附加有手动缓解的功能。停放制动是列车停车后为使列车维持静止状态所采取的一种制动方式。

（6）停车制动　对于城市轨道交通列车来说，通常把停车前的一段空气制动过程称为停车制动或保持制动。当停车制动使列车减速到极低速度以后，为减小冲动，制动力会有所降低。上海和广州城市轨道交通车辆在减速至 4km/h 左右时，制动力降至 70kPa。停车制动具有常用制动的特点。

3. 工作方式

（1）常用闸瓦制动装置（PEC7）

1）施加。制动时，压缩空气通过接口流入制动气缸，并冲击活塞，使之逆着活塞回位弹簧的弹力被向下压。活塞的运动被传递给可在外罩中转动的两个对称安装的凸轮盘。凸轮滚柱在凸轮盘的弯道上滚动，从而整个调节机构和制动蹄片被推入制动位置。当制动闸瓦与踏面接触时，即形成制动力。

传动比决定制动闸瓦上可产生的最大制动力，是由凸轮盘的形状决定的。闸瓦制动装置

PEC7 已十分标准化，通过安装相应的凸轮盘即可得到 2.0~5.5 的传动比。

2）缓解。缓解时，闸瓦制动装置的制动气缸重新排气，以便松开。活塞回位弹簧在吊耳的回位弹簧的支持下，能使所有部件都回到起始位置。

一个带摩擦件的夹紧联轴节受弹簧负荷，使吊耳或连杆头旁的制动蹄片与轮子保持平行，从而防止制动闸瓦在制动器松开时滑向轮子的一侧而造成斜向磨损。

（2）弹簧式储能器　弹簧式储能器是一种气动驻车制动器。在抱闸时，储能弹簧的弹力经过锥体离合器、螺母和螺纹转轴而作用到闸瓦制动装置的常用制动器气缸中的活塞上。弹簧式储能器装有一个手动紧急松闸装置，以便使不带压缩空气接口的车辆在停车后松开驻车制动器。

① 弹簧式储能器的松闸。在松闸状态下，以松闸压力给气缸充气，活塞由此逆着储能弹簧的弹力被顶在其上部终端位置，螺母和螺纹转轴完全拧合在一起。这样螺纹转轴就不会挤压常用制动器气缸的活塞，驻车制动器处于松闸状态。

② 弹簧式储能器的抱闸。在弹簧式储能器抱闸时，气缸从压缩空气接口排气。这样活塞传至储能弹簧的反作用力即降至 0。已放松的储能弹簧的作用力通过活塞、锥体离合器、螺母和螺纹转轴作用在常用制动器气缸的活塞上，并将该活塞压入制动位置。接着制动闸瓦即在轮子上抱紧。螺纹转轴有非自锁的螺纹，储能弹簧通过它产生一种转矩，使螺纹转轴向上从螺母中拧出。然而这种转矩由闭合的锥体离合器的摩擦连接，以及齿轮与制转杆的互咬而承接，因此螺纹转轴和螺母之间不会相对扭转。

4.功能检测

安装后应对闸瓦制动装置进行密封性和功能检测：

1）给工作气缸用最大工作压力充气，给弹簧式储能器用松闸压力充气。在管路压缩空气接口和通气塞处不得有空气泄漏。

2）使车辆制动器多次抱闸和松闸，以便制动闸瓦间隙通过闸瓦制动装置的调节机构自动地调整并进行功能检测。

3）常用制动器松闸时，测量工作气缸中的压力，压力必须为 0Pa。

4）对于带弹簧式储能器的闸瓦制动装置，通过用压缩空气抱闸和松闸来检测功能是否完善。弹簧式储能器必须在准备就绪的状态下以松闸压力充气。

5）在驻车制动器抱闸状态下操作紧急松闸装置，闸瓦制动装置必须打开；将驻车制动器松闸 1 次并再次抱闸，闸瓦制动装置必须重新处于停车位置（闸瓦在轮子上抱紧）。

6）在带弹簧式储能器的闸瓦制动装置上，通过多次用压缩空气抱闸和松闸来检测功能是否完善。

7）在带传感器的闸瓦制动装置上，检查车辆驾驶台上制动器松闸和抱闸时显示是否正确。

8）测量检查闸瓦间隙，必须符合车辆技术资料中给出的数值。

三、任务实施

调试制动系统功能。

检查项目	检查内容	图示	检查结果记录
停放制动功能	通过司机台按钮检查停放制动的施加、缓解是否正常（车下），指示灯是否正常指示停放制动施加、停放制动缓解		
常用制动功能	检查制动系统自检是否正常，通过列车控制和管理系统（TCMS）触屏点选相应功能，系统应自动执行检查		

四、任务评价

任务评价表

项目	评价标准	评价等级		
		优	合格	不合格
专业知识测评	了解制动方式			
	了解制动模式、工作方式、功能检测			
专业能力测评	能测试停放制动功能状态，测试制动自检			
总评及建议				

Project 11
项目十一
城市轨道交通车辆风源系统的维护

项目描述

城市轨道交通车辆中设置了风源系统（图11-1），为制动装置、空气悬挂装置、车门控制装置、气喇叭、刮水器、受电弓气动设备、车钩操作气动设备等供气。风源系统包括：空气压缩机、主风缸、脚踏泵以及空气管路系统等。风源系统空气压缩机为用风设备提供动力。本项目将对压缩机、进气滤清器、安全阀和风缸的维护进行讲解。

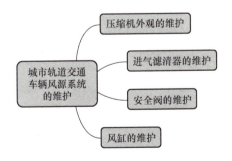

城市轨道交通车辆风源系统

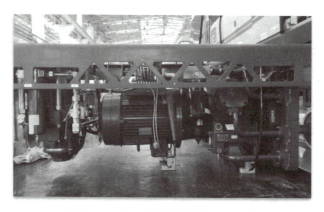

图 11-1 城市轨道交通车辆风源系统

任务一 压缩机外观的维护

一、任务目标

1. 能检查压缩机电动机进气格栅的清洁状况。

2. 能检查、清洁压缩机冷却器。

3. 能检查空气压缩机吊挂安装状态及弹性悬挂元件外观，检查、清洁消声器排放口、高低压缸外观。

二、知识准备

空气压缩机（图11-2）是组成列车供气设备的重要组成部分，它与驱动电机、压缩机、干燥器、压力控制开关等共同组成列车供气单元。空气压缩机主要有螺杆式和活塞式两种类型。

图 11-2 空气压缩机

1. 螺杆式空气压缩机

GAR 系列空气压缩机是固定式、风冷、喷油螺杆式压缩机。其独特的设计可满足列车上的制动系统和其他气动部件对压缩空气的需求。螺杆式空气压缩机的结构如图 11-3 所示。

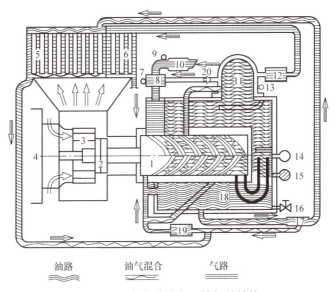

图 11-3　螺杆式空气压缩机的结构

1—螺杆式空气压缩机　2—联轴器　3—冷却风机　4—电动机　5—空、油冷却器（机油冷却单元）
6—冷却器（压缩空气后冷却单元）　7—压力开关　8—进气阀　9—真空指示器　10—空气滤清器　11—油细分离器
12—最小压力维持阀　13—安全阀　14—温度开关　15—视油镜　16—泄油阀　17—温度控制网　18—油气筒
19—机油过滤器　20—逆止网

（1）螺杆式空气压缩机的组成　它由空气压缩系统、润滑油系统和冷却系统组成。

（2）螺杆式空气压缩机工作原理

1）运动原理。螺杆式空气压缩机的螺杆转子由两个互相啮合的螺旋形转子（或螺杆）组成，通常把节圆外具有凸齿的转子称为阳转子（或阳螺杆）；把节圆内具有凹齿的转子称为阴转子（或阴螺杆）。阴、阳转子具有非对称的啮合面，平行安装在一个铸铁壳体内做回转运动。当两个转子转动时，进气口和排气口由转子末端自动打开和关闭，进行空气的压缩。

2）空气流动原理。空气经过空气滤清器吸入压缩机，通过进气阀经过压缩机机头，在压缩过程中与油混合。出口单向阀置于机头出口处。在油气桶／油气分离器内部，压缩空气先通过冲击与油预分离然后进入油分离器滤芯。然后空气经过最小压力阀构成的单向阀、复合冷却器及后处理设备。

最小压力阀防止油气分离器内压力低于最小压力，该压力使压缩机机头得到润滑，同时防止压缩机停机时压缩空气倒流。

3）润滑油系统。在油气分离器中，绝大多数的油被离心力分离，剩余部分由油气分离器滤芯分离。油气分离器底部作为油气桶。空气压力迫使油经油气桶进入油冷却器、油过滤器，直至压缩机机头。

油路系统配有旁通阀，当油温低于75℃时，旁通阀会切断从油冷却器供来的油，气压迫使油从油气桶经油过滤器和油截止阀到达压缩机机头，油冷却器被旁通。当油温超过75℃时，旁通阀开启，油进入冷却器。油截止阀能防止压缩机停机时油灌入，当压缩机起动时，该阀由机头出口压力开启。

4）冷却系统。水分离器（WSDR）将冷却后的空气中的水分子分离出去。冷凝水排污装置用于排空水分离器中的水，水分离器上的电磁阀用于在运行中自动排污。

5）机头出口温度开关。温度开关与电气装置连接，当油温达到120℃时自动停止压缩机。温度开关有指示刻度并带有3个指针；白色指针指明机头内的实时油温；绿色指针指明报警温度设定；红色指针指明停机温度设定。

6）放空系统。放空系统工作原理如下：

① 起动。当管网压力降低到加载压力，压缩机电动机起动，电磁阀得电。电动机起动后，进气阀因转子产生的压力差而完全开启，输出气量恢复（100%），压缩机满载运行。电磁阀阀芯沿弹簧力的反方向移动时，放空出口关闭。

② 停机。如果消耗的气量低于压缩机输出的气量，管网压力增加。当管网压力达到卸载压力时，驱动电机停机，电磁阀失电。进气阀由弹簧力推动关闭空气进口、空气停止输出（0%）。电磁阀阀芯因弹簧压力复位，放空出口打开。来自油气分离器的压力经电磁阀释放，进入进气阀阀体。

③ 再起动。每次停机，油气分离器内的空气将流向进气阀，这是通过使放空电磁阀动作（由机车控制系统或压缩机控制系统控制）实现的。由于压力释放，油在这个过程中开始自然地起泡沫，当生成的泡沫过多，在下次开机时这些油会进入空气系统，在前置过滤器和干燥器中迅速形成污物。安装的喷嘴（作为放空电磁阀的一部分）可限制这些泡沫。该喷嘴降低了排气的速度，因此减少了泡沫数量，但也因此延长了油气分离器内部压力释放的时间。

压力释放有利于尽可能地降低起动电流（容器中较高的压力会导致较高的电动机电流）。

2. VV120活塞式空气压缩机

（1）VV120活塞式空气压缩机的结构　该压缩机整体紧凑的结构和优化的吸气组使噪声降低，同时还可实现无框悬挂，使其更适合低置安装。弹性零件和超柔性调准装置的新型支座使振动降到最低。除此之外，此弹性零件为金属结构，持久耐用且无须维护。风扇叶轮配备了一个黏液耦合器，使冷却装置会根据环境温度和压缩机出口温度自行进行无级调节，保证了压缩机适宜的工作温度。在风扇结冰或被异物卡住的情况下，黏液耦合器可防止设备损坏。此压缩机可用交流、直流电或者液压电动机来驱动。

三相交流电动机通过一个新式的、同样无须维护的、持久耐用的波纹管联轴器实现与压缩机的连接，此联轴器用中间法兰来进行保护。该联轴器扭转刚度很强，不会造成压缩机中的扭振。所有轴颈、活塞和气缸均用喷射的润滑油来进行润滑。连杆浸入油池中，每次转动时即会引起润滑。润滑油会自己流回油池中，无须附加装置（如滤油器、油池或者阀门等），这种浸入式润滑方式在冬季特殊外界条件下运行时也很可靠。曲轴箱的排气也是通过压缩空气去油过滤元件导回到吸气组，因此不会有润滑油流到外面。辅助冷却器可使压缩空气出口温度很低，此低温能让下游的空气干燥设备有最佳的运行状态。从两侧安装的油位显示管中能方便且准确地读取曲轴箱中的油位。VV120活塞式空气压缩机的结构如图11-4所示。

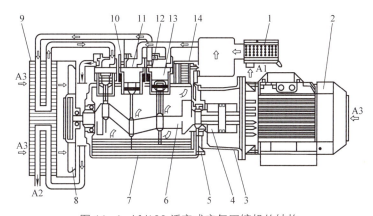

图11-4　VV120活塞式空气压缩机的结构

1—进风口过滤器　2—电动机　3—过滤法兰　4—波纹管联轴器　5—油位指示器管　6—曲轴
7—曲轴箱　8—风扇叶轮　9—冷却器　10—出风阀　11—吸入阀　12—安全阀　13—气缸　14—集油器
A1—进风口　A2—出风口　A3—冷却空气

（2）VV120活塞式空气压缩机的工作原理　此压缩机分两级工作，两个气缸在低压级，一个气缸在高压级。空气由低压气缸吸入并被干式空气滤清器清洁，经预压缩之后，流过中间冷却器，经过强烈的二次冷却之后进入高压气缸中，被继续压缩至最终压力。高压级之后的二次冷却器对进入压力塔之前的压缩空气进行二次冷却。

3. 空气压缩机的检修

空气压缩机的维护只允许专业人员进行操作，必须遵守现行的安全规定，按照相应的资料进行压缩机组主元件的检修、操作和维护工作，应按照规定定期检查限压阀的外部状态和功能。空气压缩机组检修的时间由运营方根据各自的使用条件来决定，建议在正常运行条件下至少每运行12000h进行1次检修。

压缩机必须一直保持清洁，在清洁的机器上对于可能出现的漏油及不密封情况更易查出并及时排除。每月须在压缩机停转的状态下检查1次油位显示管上的油位。在运转20~30h后进行首次换油（起动阶段），以后每运行2000h后进行1次换油，至少每12个月更换1次，旧的润滑油应在压缩机暖机时完全排空。压缩机维护周期及内容见表11-1。

表 11-1 压缩机维护周期及内容

维护周期（运行小时数）/h	维护内容
100（至少每月 1 次）	检查观察管中的油位
	检查吸气消声器上的真空指示器（如果供货范围内有此设备），根据需要更换吸气式空气滤清器
1000（最迟 12 个月后）	更换吸气式空气滤清器
1000（最迟 12 个月后）	清洁散热器
2000（最迟 12 个月后）	换油
12 000	检修

将位于曲轴箱下边缘两侧的其中一个螺旋塞拧开，润滑油即可排出。同样，可通过两侧的螺旋塞上的螺纹孔向曲轴箱内加注润滑油。关闭时，将螺旋塞按照规定拧紧力矩与密封环一起拧紧。

在吸气式消声器上有两个干式空气滤清器的外壳，当滤清器滤芯过于污浊时，真空指示器会发出要求更换滤清器滤芯的信号。真空指示器通过套管拧在吸气式消声器螺旋塞的位置上。

如果散热器过脏会降低其散热能力，也就会出现过热现象，因此每隔一定时间需清洁一次散热片。运行 1000h 或 12 个月就应更换吸气式空气滤清器（视吸气式空气滤清器的脏污程度，按营运方规定的时间间隔来进行更换）。

三、任务实施

检查压缩机部件。

检查项目	检查内容	图示	检查结果记录
压缩机电动机进气格栅	检查压缩机电动机进气格栅是否干净		
压缩机冷却器	检查压缩机冷却器是否干净，有无杂物附着		

（续）

检查项目	检查内容	图示	检查结果记录
压缩机吊挂状态	检查压缩机吊挂安装状态及弹性悬挂元件外观是否正常、有破损		
消声器	检查消声器排放口是否干净		

四、任务评价

任务评价表

项目	评价标准	评价等级		
		优	合格	不合格
专业知识测评	认知螺杆式空气压缩机			
	认知 VV120 活塞式空气压缩机			
	了解空气压缩机的检修			
专业能力测评	能检查压缩机电动机进气格栅的清洁状况			
	能检查、清洁压缩机冷却器			
	能检查空气压缩机吊挂安装状态及弹性悬挂元件外观，检查、清洁消声器排放口、高低压缸外观			
总评及建议				

任务二　进气滤清器的维护

一、任务目标

能检查、判断真空指示器状况，更换、确认进气滤清器状况。

二、知识准备

干式空气滤清器的高分离度保证了对压缩机的最佳保护，其维护工作只限于更换滤芯，比使用油浴式空气滤清器更加方便快捷。可通过观察作为附加装置的真空指示器，根据实际的脏污程度来调整更换周期。空气滤清器外观如图 11-5 所示。

真空指示器（图 11-6）可以监测干式空气滤清器内空气的污浊程度，当污浊程度较高时，出气口会产生负压，就会被吸出黄色滤芯，提醒检修人员及时更换堵塞严重的滤芯。

图 11-5　空气滤清器外观

图 11-6　真空指示器

三、任务实施

检查进气滤清器。

检查项目	检查内容	图示	检查结果记录
真空指示器	检查真空指示器，如果红色柱塞能完全可见，则拆下滤清器滤芯，用干毛刷清扫；如果压缩机起动后红色柱塞仍可见，则更换滤清器滤芯		
进气滤清器	当真空指示器发出要求更换过滤器滤芯的信号时，将真空指示器通过套管拧在吸气式消声器螺旋塞的位置上		

四、任务评价

任务评价表

项目	评价标准	评价等级		
		优	合格	不合格
专业知识测评	认知进气滤清器			
专业能力测评	能检查判断真空指示器状况，更换、确认进气滤清器状况			
总评及建议				

任务三　安全阀的维护

一、任务目标

能检查、清洁安全阀。

二、知识准备

安全阀（图11-7）用于限定所处管路的最高压力，当压力高于安全阀的限定值时，安全阀向外间断式喷气，起到降压保护管路和提醒的双重作用。在供风模块中有两处安全阀，分别保证空气压缩机在安全的工作压力范围内和保证后续的空气管路、制动设备在安全的工作压力范围内。

图 11-7　安全阀

三、任务实施

检查安全阀的状态。

检查项目	检查内容	图示	检查结果记录
安全阀	检查安全阀是否向外喷气		

四、任务评价

任务评价表

项目	评价标准	评价等级		
		优	合格	不合格
专业知识测评	认知安全阀			
专业能力测评	能检查、清洁安全阀			
总评及建议				

任务四　风缸的维护

一、任务目标

能对风缸进行外观检查，排空冷凝水。

二、知识准备

风缸（图 11-8）是气源及制动系统的重要组成部分，起着储存压力空气的作用，具有很高的耐压性，是一种高压容器。风缸容积较大，主风缸带安全阀。城市轨道交通车辆有各种风缸，如上海地铁一号线直流制列车每节车上有 4 个风缸：1 个 250L 总风缸、1 个 100L 空气悬挂系统风缸、1 个 50L 制动风缸和 1 个 50L 气动车门风缸。此外，带有空气干燥塔的 C 车会增加一个再生风缸。

上海城市轨道交通交流制列车每节车上有 5 个风缸：1 个 100L 主风缸、1 个 100L 副风缸、1 个 60L 气动车门风缸和两个空气悬挂系统风缸。此外，带受电弓的 B 车还会增加 1 个 5L 小风缸，用于紧急情况下的升弓操作。

a)

b)

图 11-8　风缸

三、任务实施

检查风缸的外观。

检查项目	检查内容	图示	检查结果记录
风缸外观	检查风缸外观是否有破损,是否可以排空冷凝水	  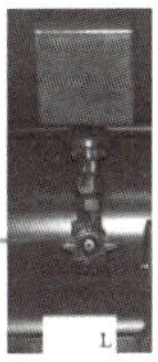	

四、任务评价

任务评价表

项目	评价标准	评价等级		
		优	合格	不合格
专业知识测评	认知风缸			
专业能力测评	能对风缸进行外观检查,排空冷凝水			
总评及建议				

Project 12
项目十二
城市轨道交通车辆空气悬挂系统的维护

项目描述

空气悬挂系统用来保证车辆运行的平稳性，本项目将讲解高度阀和空气弹簧的维护。

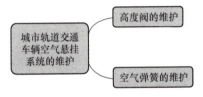

任务一　高度阀的维护

一、任务目标

1. 能检查高度阀阀体外观状况，安装紧固件与管路连接件状况。
2. 能检查高度阀控制杆、球形接头、操纵杆的外观状况。

二、知识准备

高度调整阀的主要作用：维持车体在不同静载荷下都与轨面保持一定的高度；在直线上运行时，车辆在正常的振动情况下不发生充、排气作用；在车辆通过曲线时，转向架两侧的高度调整阀分别产生充、排气的不同作用，从而减少车辆的倾斜。

高度调整阀是空气弹簧悬挂系统中一个重要的组成部件,可以在每个转向架与车体连接处安装一个高度调整阀,位于转向架中间(如广州城市轨道交通 1 号线);也可以安装两个高度调整阀,分别在构架两侧(如广州城市轨道交通 2 号线)。

高度调整阀通过驱动杆来带动阀内的转盘及其偏心小销,拨动高度调整阀的心阀。心阀的上下运动即可控制各相关阀口的开启,连通主风管与空气弹簧的气路或连通空气弹簧与大气的气路,控制空气弹簧充气或排气。驱动杆的运动是根据车辆载荷变化在车体高度变化时驱动的。高度阀如图 12-1 所示。

a)

b)   c)

图 12-1　高度阀

三、任务实施

检查高度阀的外观、零件。

检查项目	检查内容	图示	检查结果记录
高度阀外观	检查高度阀阀体外观是否有破损,紧固件与管路连接件是否有松动		

项目十二　城市轨道交通车辆空气悬挂系统的维护

（续）

检查项目	检查内容	图示	检查结果记录
高度阀零件	检查高度阀控制杆、球形接头、操纵杆的外观是否有破损	 水平杆　高度阀　垂直杆	

四、任务评价

任务评价表

项目	评价标准	评价等级		
		优	合格	不合格
专业知识测评	认知高度阀			
专业能力测评	能检查高度阀阀体外观状况，安装紧固件与管路连接件状况			
	能检查高度阀控制杆、球形接头、操纵杆的外观状况			
总评及建议				

任务二　空气弹簧的维护

一、任务目标

1. 能检查空气弹簧气囊是否损伤破裂，上顶板与车体的连接是否良好。

2. 能检查空气弹簧应急弹簧橡胶件有无变形、裂纹、损伤及剥离现象，垫板紧固螺钉是否松动。

二、知识准备

1.空气弹簧的结构

目前城市轨道交通车辆的二系悬挂基本采用空气弹簧。空气弹簧主要由橡胶囊和钢片、

— 203 —

橡胶复合而成的应急弹簧组成，图 12-2 所示为两种不同结构的空气弹簧。不同类型的转向架，其空气弹簧结构略有不同，主要是应急弹簧的形式不同。空气弹簧系统还包括高度阀、差压阀等附件，用于保持车辆地板面高度，保证两侧空气弹簧的压差在安全范围内。

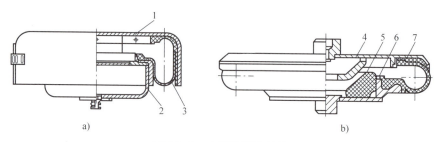

图 12-2　空气弹簧的结构

a) 约束膜式空气弹簧　b) 自由膜式空气弹簧

1—外筒　2—内筒　3—橡胶囊　4—上盖板　5—橡胶垫　6—下盖板　7—橡胶囊

部分空气弹簧的使用寿命能达到 10 年大修的要求。在 5 年架修时，需对空气弹簧进行检修；使用 10 年后橡胶件进行报废处理，部分结构件可继续使用。空气弹簧如图 12-3 所示。

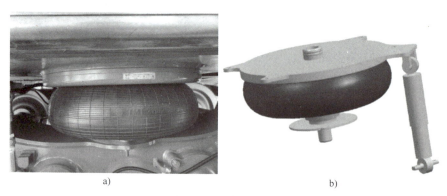

图 12-3　空气弹簧

2. 二系悬挂的检修方法

二系悬挂在日常检查时，主要检查空气弹簧及紧固件，要求无漏气、无松动；检查与空气弹簧接触的部件，应无锈蚀；检查高度阀及其联动装置，要求完好、无松动、无损伤；检查高度阀调节杆，应垂直，不得倾斜。二系悬挂系统在架修、大修检查时，必须进行分解及清洗，对橡胶囊、磨耗板、紧固螺栓、应急弹簧分别进行详细检查及试验。

（1）空气弹簧的损伤　空气弹簧主要由橡胶囊、橡胶堆、底座等组成，橡胶囊由内、外橡胶层、帘线层和成型钢丝圈组成。检修时，应注意橡胶囊及橡胶堆的裂纹，橡胶囊的磨损及底座的锈蚀。

（2）空气弹簧的检修

1）空气弹簧的外观检查：检查紧固件，要求连接紧固无松动；清洗并检查空气弹簧橡胶囊内、外表面，要求无严重损伤、裂纹和刀痕，无金属丝暴露在外，层叠弹簧表面不得有深度大于 2mm 的疲劳裂纹，或大于 5mm 深的橡胶与金属松弛的现象。

2）空气弹簧更换的条件：橡胶囊裂纹的深度超过 1mm；橡胶囊磨损的深度超过 1mm（帘布外露）；橡胶堆裂纹的深度超过 1mm；底座锈蚀超过 2mm。若有局部表面的鼓包，用针扎破鼓包部位，做 500kPa 持续 20min 的试验，如果没有空气泄漏，则可以继续使用。橡胶堆的橡胶和金属件的粘连部裂纹超过 6mm；橡胶的裂纹超过 30%、深度超过 6mm，要更换橡胶堆。

（3）应急弹簧与磨耗板的检修　检修时，对应急弹簧进行外观检查、尺寸检查及性能试验，要求外观无脱胶、裂纹深度不超标、无老化破损、尺寸不超过规程规定的范围、垂向与水平刚度不超出技术要求。如果在两层之间出现任何黏着松动，橡胶和金属之间分离、疲劳或变形，应更换应急弹簧。磨耗板要求无偏磨，尺寸符合要求，否则需更换。

（4）空气弹簧结构件的检修　检修时，对空气弹簧结构件进行清洗、检查、探伤及补漆。

（5）空气弹簧系统附件的检修

1）检查高度阀，要求完好，无松动、无损伤。

2）检查高度阀联动装置，要求完好，无损伤。高度阀调节杆应垂直，不得倾斜。

3）检查垂向及横向止挡、止挡间隙、螺栓、衬垫，应完好，无损伤。

（6）密封性及刚度检查

1）检查空气弹簧橡胶囊与应急弹簧之间的密封，空气弹簧密封应无泄漏。

2）测试组装后空气弹簧的水平、垂向刚度，需符合要求。

三、任务实施

检查空气弹簧外观。

检查项目	检查内容	图示	检查结果记录
空气弹簧气囊	检查空气弹簧气囊是否损伤破裂、漏气。检查上顶板与车体的连接是否良好，是否有锈蚀		

（续）

检查项目	检查内容	图示	检查结果记录
应急弹簧	检查空气弹簧应急弹簧橡胶件是否有变形、裂纹、损伤及剥离现象，垫板紧定螺钉是否松动		

四、任务评价

任务评价表

项目	评价标准	评价等级		
		优	合格	不合格
专业知识测评	了解空气弹簧的结构			
	了解二系悬挂的检修方法			
专业能力测评	能检查空气弹簧气囊是否损伤破裂，上顶板与车体的连接是否良好			
	能检查空气弹簧应急弹簧橡胶件有无变形、裂纹、损伤及剥离现象，垫板紧固螺钉是否松动			
总评及建议				

参 考 文 献

[1] 邵伟中，等．城市轨道交通车辆运行与维修 [M]．2 版．北京：中国建筑工业出版社，2019．

[2] 阳东，卢桂云．城市轨道交通车辆检修 [M]．2 版．北京：机械工业出版社，2014．

[3] 王斌杰，焦凤川．轨道车辆运用与维修 [M]．北京：科学出版社，2016．

[4] 管春玲，邱晓欢．城市轨道交通车辆检修工艺及安全管理 [M]．北京：中国电力出版社，2017．

[5] 王建光．城市轨道交通车辆检修工 [M]．北京：人民交通出版社，2017．

[6] 王亮，明洪，李福斌，等．城市轨道交通车辆检修技术 [M]．北京：中国建筑工业出版社，2017．

[7] 郭凝．城市轨道交通车辆机械检修 [M]．上海：上海科学技术出版社，2013．

[8] 殳企平．城市轨道交通车辆维修工艺及设备 [M]．北京：知识产权出版社，2007．